阿拉善

阿拉善沙漠世界地质公园
中国国土资源作家协会科普委员会 编

中国建筑工业出版社

图书在版编目（CIP）数据

阿拉善/阿拉善沙漠世界地质公园，中国国土资源作家协会科普委员会编. —北京：中国建筑工业出版社，2011.7
ISBN 978-7-112-13355-0

Ⅰ.①阿… Ⅱ.①阿… ②中… Ⅲ.①旅游指南-阿拉善盟 Ⅳ.①K928.926.2

中国版本图书馆CIP数据核字（2011）第125571

责任编辑：唐 旭 李东禧
责任校对：王雪竹 陈晶晶

国家地质公园口袋书
阿拉善

阿拉善沙漠世界地质公园
中国国土资源作家协会科普委员会 编

*

中国建筑工业出版社出版、发行（北京西郊百万庄）
各地新华书店、建筑书店经销
北京顺诚彩色印刷有限公司印刷

*

开本：787×960 毫米 1/32 印张：4⅝ 字数：195 千字
2011 年 7 月第一版 2011 年 7 月第一次印刷
定价：35.00 元

ISBN 978-7-112-13355-0
(20841)

策划人： 张晶 李东禧
主编：黄新燕 张晶 张燕如
编委会：阿拉善沙漠世界地质公园
中国国土资源作家协会科普委员会
特约编辑：唐旭
版面设计：罗昱

序

书写：中国的地质公园

黄新燕

我是在5年前“北漂”之后，在国土资源部东侧的中国地质博物馆大楼里，才听说“地质公园”这个名词的。几年来，由于工作的关系，其他公园已渐被我所忽略，唯有地质公园，终成我的最爱。

何谓“地质公园”，搜索百度，有百科名片如此定义：

中华人民共和国国家地质公园，是由中国行政管理部门组织专家审定，由中华人民共和国国土资源部正式批准授牌的地质公园。中国国家地质公园是以具有国家级特殊地质科学意义、较高的美学观赏价值的地质遗迹为主体，并融合其他自然景观与人文景观而构成的一种独特的自然区域。

世界地质公园是以其地质科学意义、珍奇秀丽和独特的地质景观为主，融合自然景观与人文景观的自然公园。由联合国教科文组织选出，此计划在2000年之后开始推行，目标是选出超过500个值得保存的地质景观加强保护。至2010年，中国已有24处地质公园进入联合国教科文组织世界地质公园网络名录。

其实，在“50后”、“60后”、“70后”甚至“80后”的几代地质工作者心目中，地质公园，就是21世纪人类的伟大杰作！

与地球46亿年的漫长历史相比，只有300万年的人类历史短若一瞬。

然而，自从有文明史以来，人类就以地球上任何一种生物不曾有过的方式在起劲儿地改天换地。

而今，人类感觉到了生存的危机，开始更深刻地关注和探究自己所居所依的这个星球以及它和人类的关系。“地球的过去，其重要性绝不亚于人类自身的历史，应该学会保护地球的记录，阅读人类出现以前写下的这部书。”这是1991年6月13日，聚集于法国迪涅（Digne)的30多个国家的100多位代表在《国际地球记录保护宣言》中发出的呼吁。

1999年2月，作为对迪涅宣言的响应，在经过几年的酝酿和筹划之后，联合国教科文组织在巴黎创立了“Geopark”（地质公园，Geological park）这一名词，并正式提出了“创建具独特地质特征的地质遗址全球网络，将重要地质环境作为各地区可持续发展战略不可分割的一部分予以保护”的地质公园计划。

由于复杂的地质构造条件和地理背景，中国无疑是世界上地质景观最为丰富多样的国家，在全球的地质公园中占有举足轻重的地位。华夏大地拥有令人炫目的地质遗迹，五岳之中心的嵩山，不仅有闻名遐迩的少林寺，还是一部地质学百科全书；让世界震惊的云南澄江动物化石群，是“世界近代古生物学研究史上最罕见和最拨动人心的发现”；还有云南的石林、浙江的雁荡山、安徽的黄山、阿拉善的沙漠、甘肃的崆峒山……学会发现和保护地球的记录，就等于是学会阅读人类出现以前的史书。

人类正以全新的视角，重新审阅地球这部巨著，了解、熟悉这个蔚蓝星球，进而建立真正的和谐家园。

联合国教科文组织之所以要提出地质公园计划，是因为在“世界遗产名录”和“人与生物圈计划”等已有的国际自然遗产保护计划中，均没有包含对地质景观体在科学和美学上价值的认识。而这些地质遗产的重要价值还仅仅局限于各个国家及区域之内。世界性的地质公园计划可以提供极好的方式，便于国际社会对这些重要地质遗产给予承认和支持。

特别值得注意的是，与“世界遗产名录”和“人与生物圈计划”的目标有所不同，地质公园计划明确提出，它的意义和重要补充作用在于，推进旅游业和就业，促进教育、科学研究以及所在区域的可持续发展。

这些公园的创建，不仅仅是一种形式，而且闪烁着人类理性、知性的美丽光芒。

它的十分朴实且现实的意义在于：一是方便保护地质遗迹，合理而科学地开发、利用地质遗迹资源；二是普及地学知识，既有对自然景观的人文解释，又有来自地质科学的解释，从而使地质公园既有趣味性，更有科学性；三是将地质公园作为科学研究和科学知识普及的重要场所；四是尝试一种新的地质资源利用方式，发挥地质遗迹独特的观赏和游览价值；五是发展地方经济，改变传统的生产方式和资源利用方式，为地方旅游经济的发展提供新的机遇；六是地质工作以新模式服务于社会经济，打造更贴近生活和市场的经济增长点。

确定操作这部《地质公园口袋书》（丛书），源于我们传播地球科学的理念，源于我们要彰显建立地质公园的意义，源于我们丰厚的地质文化，所以我们十分“给力”。

说起口袋书——其实对口袋书至今尚无准确的界定，大抵是指开本小于32开，印张大致不超过10个的书。

口袋书的兴起，最早可以追溯到1935年7月，英国伦敦出版的“企鹅丛书”。这套丛书3年间销售2500多万册，获得巨大成功。口袋书从此流行于世并引发了一场“纸皮书革命”，对欧美国家的出版业产生了深远的影响，甚至与美国发明柯达克罗姆彩色胶片一起被列入20世纪的人类发明、人类冒险和不寻常的事件当中。

口袋书之所以在西方兴起并流行到现在，最主要的原因是在于它的便于携带，可以在上下班的公车上、地铁里随手翻阅。特别贴合见缝插针式的阅读习惯与“读书以消闲”的阅读目的。在许多西方国家，“口袋书”的产生往往是这样的：一本书先做精装本，卖得好，就再出平装书，最后才出“口袋书”，“口袋书”处在销售的最后一拨。

中国式的口袋书自出现之时就一直是精品书的另一代名词，能以口袋书的形式出版的总以名著缩写本、古诗词选为最，再不济也得是名言警句精华本之流。而我们真正注意到“口袋书”，不过是几年之间的事情。

其实，早在中国古代也有小开本的书，古人称为“巾箱本”或“袖珍本”或“掌上本”。经史子集都有，它最重要的用处和“好处”就是能藏在长袖中，便于考场作弊。到了20世纪中后期，发行量最大的口袋书得算是《毛主席语录》和《新华字典》了。

我们把地质公园书写和制作成为“口袋书”的形式，是一种尝试，是一种创新，希望我们能够拿出名副其实的“口袋书”。

能装进百姓休闲服口袋里的《国家地质公园口袋书》，由此应运而生。

目录

海森楚鲁怪石

公园概况

阿拉善沙漠世界地质公园位于内蒙古自治区最西部的阿拉善盟境内，是目前全球唯一系统而完整地展示风力地质作用过程和地质遗迹的世界公园。总面积630.37km^2，由巴丹吉林、腾格里和居延3个园区及其所属的10个景区组成。

阿拉善沙漠世界地质公园享有三个世界之最：世界最高大的沙山，相对高度200～300m，最高达500m，被称为"沙漠珠穆朗玛峰"；有世界上最大的沙漠湖群；还有世界上最大的鸣沙区。公园内地质遗迹类型丰富，自然景观优美神奇，人文历史悠久独特，是研究沙漠形成、发展、演化的天然博物馆，更是保护人类生态环境的教科书。

认识沙漠

沙漠有广义、狭义之分。广义的沙漠就是荒漠，其外延组成成分较多，包括砾漠、岩漠、泥漠、盐漠和沙漠等。而狭义的沙漠是指地面完全被大片的沙丘（或沙）覆盖，缺乏流水、植被稀少的地区，是荒漠的一种。形态各异的沙丘，类型多样的沙波纹，不同演化阶段的沙漠湖泊、沙丘、山地、残丘及平地相互交错，反映了沙漠的主要特征。阿拉善的茫茫沙漠，沙丘变化无穷，沙波纹丰富多彩，沙湖美妙纵横……正是这些独具特色的沙漠元素，才使阿拉善沙漠如此风情万种、变幻莫测。

欣赏沙丘

沙丘是沙漠地区地表的基本形态单元。干旱气候条件下，风沙流在前进过程中遇到障碍物，在其背风坡发生沉积，便形成了不规则沙堆积体。沙丘的形成和发育受沙源、地形、水、植被等条件的影响。

阿拉善沙漠区整个地面覆盖着大量流沙，并发育有时代不同的各种沙丘组合。形态复杂多样，除了常见的新月形沙丘、沙丘链和沙垄外，还广泛分布着复合型沙丘链、复合型纵向沙垄、鱼鳞状沙丘、金字塔形沙丘、抛物线形（马蹄形）沙丘、格状沙丘、蜂窝状沙丘等。由于影响或控制条件的差异，每种沙丘的形态、规模和分布都变化无穷。

类型众多的沙丘

新月形沙丘

新月形沙丘

新月形沙丘是最基本的沙丘形态，其平面宛如一弯新月，两侧有顺风向延伸的翼部，由横向环流所形成。新月形沙丘两翼的开展度与主导风的强弱成反比。沙丘纵剖面形态不对称，迎风坡凸而缓。蜿蜒起伏的沙丘时隐时现，宛若横亘在沙海中的“金龙”，气势宏伟，令人赏心悦目。

新月形沙丘链

复合型山状新月形沙垄

复合新月形沙垄又称为“沙山”，是由新月形沙丘、新月形沙丘链进一步演变而形成的大型稳定沙漠地貌形态。沙垄一般长5~10km，宽1~3km，高约200~300m，

复合型山状新月形沙垄

最高可达500m左右。在迎风坡上还发育次级叠置沙丘，它不仅受当地主导风作用，而且还受局部气流影响，形态各异。次级沙丘的排列方向表明其通常受西风、西北风及西南风的影响。

星状沙丘

主要形成于多风向、风力强且风力相似的地区。多呈角锥状，具有尖顶。发育狭窄的棱脊线和三角形的斜面，大多孤立分布。沙丘高度一般大于100m。沙海中巍巍矗立的星状沙丘，犹如一座座神秘而古老的金字塔，令人神往，故其又名“金字塔形沙丘”。

星状沙丘

金字塔形沙丘

三大沙漠的沙丘特征

巴丹吉林——最美的沙漠

巴丹吉林沙漠的沙丘系统主要由简单新月形沙丘、新月形沙丘链、金字塔形沙丘和高大沙山四类组成，其中以新月形沙丘链和高大沙山分布最广。丰富的沙源、强烈的风动力、有利的地貌地形，使得巴丹吉林沙漠沙丘的分布面积广阔，形态完整、典型、原始。

巴丹吉林，被《国家地理》评为中国最美丽的沙漠，它集合了沙漠的瑰丽和神奇，成为世人向往之地。巴丹吉林沙漠的奇峰、鸣沙、湖泊、神泉更为这方秘境增添无限的魅力。“山”一般高大的复合型沙丘链和金字塔形沙丘将沙漠的大气与辽阔展现得淋漓尽致，沙峰、沙壑、沙峭、沙壁、沙窝、沙刃更是随处可见，处处渗透出大漠丝丝的柔情。奇伟壮观的景象、缤纷多姿的画面分布在沙漠腹地，在这个高峰林立、层峦叠嶂、沙脊如削的世界里让人忘却了时间，陶醉在金色构筑的一方天地中。

巴丹吉林沙漠

大漠、驼铃、夕阳、月夜、秋风的韵味，是何等的情调；清新纯净的空气，蓝

穿越沙漠

澈的天空，没有受到任何污染的自然环境，会使人领略到一种原始的、空旷的、与世无争的宁静，不啻人间仙境。奇妙的美景组合使巴丹吉林成为放松身心的好去处，独特的沙漠景观又为开展各种沙漠活动，如组织系列耐力赛、野外生存、定向越野和科考活动等提供了绝佳的场所。深入巴丹吉林，成为许多人的梦想。目前，巴丹吉林沙漠已经被确定为中国沙漠探险旅游地之一。

百闻不如一见，只有身临巴丹吉林沙漠，才会产生那种感觉，那份享受，使人永久难忘。

腾格里沙漠

腾格里沙漠——世界沙都

没到腾格里沙漠，你可能无法完全领略它的博大与奇妙，而当你置身其中，相信你一定会被这里的自然奇观所征服。一望无际的腾格里沙漠，永远给人以豪放、广博的感觉。它是我国四大沙漠之一，素以沙峰大、沙粒细、易流淌著称，被誉为“世界沙都”、“世界沙漠之祖”。晨观大漠日出、昏赏沙海夕阳、夜晚遥望银河，是沙漠中独有的三大绝景。置身于这苍凉雄浑、寂寥空灵的情境中，不由得会吟唱起“大漠孤烟直，长河落日圆”这脍炙人口的千古绝唱。伴着阵阵驼铃声，你可充分体味大自然的神奇，寻找前所未有的感受和新奇。

金黄的日光，金黄的沙海在瞬间的万千变化，若不是自己亲眼所见，是无法形容的。分布在沙海中的众多湖泊更是令人着迷。据统计，腾格里沙漠有422个大小湖泊。有着千万年历史的原生态湖泊——

宁静的月亮湖

月亮湖就藏在这片广袤的沙海之中。月亮湖，是世界上大漠中，唯一一个自然的、完整的湖泊。它的形状酷似中国版图，咸淡相间的湖水滋养着无数的鱼虾，成群的野鸭、灰鹤、红雁、鸳鸯在茂盛的芦苇丛中自由地游弋。就连那天使般美丽和公主般高贵的天鹅也对月亮湖的宁静情有独钟，它们纷纷来此搭建“后宫”，尽享天伦！夏秋季节迷人的大漠风光是您一生都挥之不去的梦境……

沙漠湖泊、沙漠绿洲、沙漠长城、沙漠草原、沙漠岩画和沙漠牧民及其原始古朴的生活方式，加上古丝绸之路，使得腾格里沙漠更加充满了神秘和诱惑力。旅途中，即使不用眼睛，只用耳朵也能感受到变幻无穷的沙漠风情。抑或长吼一声，亦会产生一种从来未体验过的快感。惊险、刺激也许是这里最具魅力的个性之一。同时，浓郁的蒙古族游牧风情、古老的藏传佛教文化在这里与SPA等最现代、最前卫的娱乐方式和谐地融为一体。也许来这里就是一种回归，一种人性向自然的回归；也许来这里就是一种升华，一种感性与理性互动的升华。

腾格里沙漠的沙丘大部分为流动沙丘，沙丘以10~20m的格状沙丘链及新月形沙丘链为主，复合型沙丘链及灌丛沙堆分布面积较小。南部以单个新月形沙丘为主，一般高5~10m；腹地以新月形链状沙丘为主，一般高10~15m；东北部以格状沙丘为主，一般高约100m，最高可达200m左右。越向沙漠纵深，沙丘形态越复杂，规模越大。

乌兰布和——依傍黄河之畔的沙漠

乌兰布和是蒙古语，红公牛之意。历史上曾是“人民炽盛、牛马布野”、“将军塞外游，杏花撒满头”的绿荫冉冉的富庶草原。乌兰布和沙漠部分与黄河水相连，每当夕阳西下，粼波闪闪，“长河落日”、“大漠孤烟”，构成一幅瑰丽多姿的塞上风景画。大大小小的湖泊似一颗颗璀璨的明珠镶嵌在乌兰布和沙漠之中，成为大漠中一大奇观，与沙海驼影、大漠落日和生机盎然的沙生植物、田园风光共同构成了大西北粗犷、恢弘、神秘莫测的天然神韵。

乌兰布和沙丘形态异彩纷呈，各种类型沙丘所占的比例相差不大，流动沙丘占39%，半固定沙丘占31%，固定沙丘占30%。流动沙丘主要集中在南段和中段，新月形沙丘链、格状新月形沙丘和新月形沙山，一般高10~30m，中心可达50~100m，沙面裸露。沙漠北部沙丘稀疏，风沙覆盖在湖积平原、黄河冲积平原及基岩剥蚀残丘上。

乌兰布和沙漠有湖泊100多个。

乌兰布和是蒙古语，红公牛之意。历史上曾是“人民炽盛、牛马布野”、“将军塞外游，杏花撒满头”的绿荫冉冉的富庶草原

天上的曲线——沙波纹

沙漠中最独特的景观，是那变化无穷的沙波纹。沙波纹是因风力作用而在沙丘表面形成的各种波纹形态。它们具有长而缓的迎风坡和短而陡的背风坡，并按一定的速度沿着风向迁移。

沙波纹既随沙丘表面的起伏而变化形态，又受风力、风向、沙粒粗细和微地形等多种因素的影响。主要有直线状、弯曲状、链状、舌状和新月状五种类型。远观沙波纹，既具有最规整的几何图案，又绝不整齐划一。有的如静谧的山水画面；有的似和美的田野风光。仔细看去，任意一片沙波纹，都是一块缩小的沙漠，那柔美的线条，让人无法不惊叹大自然的鬼斧神工。

阿拉善腾格里沙漠的沙属细沙级，平均粒径0.1~0.25mm。在年平均风速为2.9~3.9 m/s的风力作用和微地形等因素的控制下，形成了多种形态的沙波，其中包括直脊波痕、弯脊波痕、蛇形波痕、新月形波痕等。波长一般2~10cm，波高1~4cm。人们可以根据沙波形态和波纹指数判断风向和风力。对于沙漠迷途者，无疑是一种指路标。

沙漠中最独特的景观，是那变化无穷的沙波纹。沙波纹是因风力作用而在沙丘表面形成的各种波纹形态

沙漠的眼睛——沙湖

沙漠因为缺水而生成，沙漠更因为缺水而被称为生命的禁区。然而，阿拉善三大沙漠却是沙与水交织的王国。金沙无边，层层叠叠，沙湖就像深邃的蓝眼睛镶嵌在沙漠柔美的肌肤上。沙漠也许正因为荒芜才显得苍凉，但是茫茫沙海中的湖泊却绽放了生命的欲望。亿万年的地质变迁，沙土埋葬了海洋，但却埋葬不了天与地的灵魂在这里滋长。沙湖静静地依偎着沙山，让人难以忘怀这里的生命是如此的坚韧和坦荡。

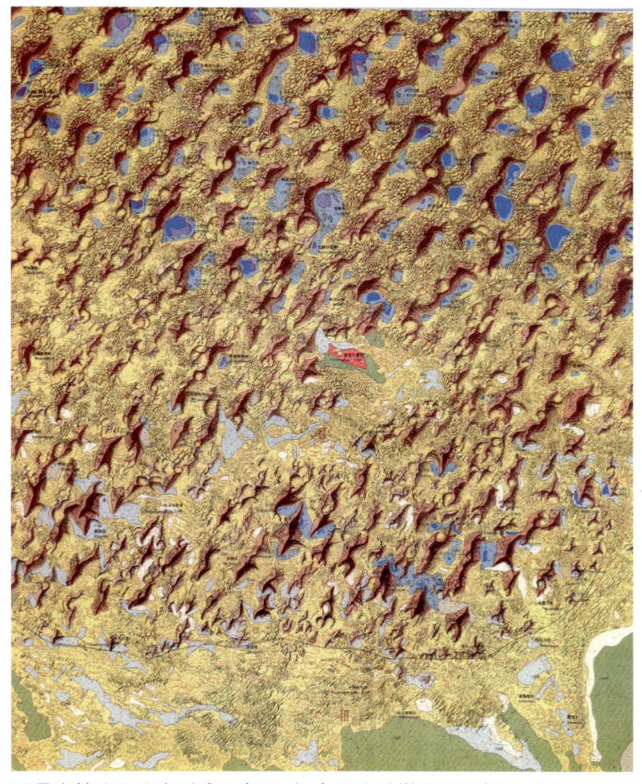

巴丹吉林沙湖分布遥感示意图（据中科院兰州沙漠研究所，1996）

巴丹吉林星罗棋布的沙湖

巴丹吉林沙漠中湖泊较为发育，约有144个。它们主要位于沙漠东南部丘间地带，与高大沙山相间分布。这些湖泊中有些为长期性湖泊，面积和水位变化较大；部分湖泊为季节性湖泊；有的已经完全干涸，在干涸湖泊沉积物上发育了风蚀地形。

沙漠湖泊中面积最大的是诺尔图湖，其面积约为14.70km^2，最深处达16.8m；其次分别为南苏敏吉林湖、呼和吉林湖和音德尔图湖等；其余多数湖泊的面积和水深都较小。湖泊水面蓝如瑰宝，水波涟涟，湖岸芦苇丛生，绿草茵茵，风景极其优美。

沙漠湖泊中面积最大的是诺尔图湖，面积14.70km^2，深度16.8m

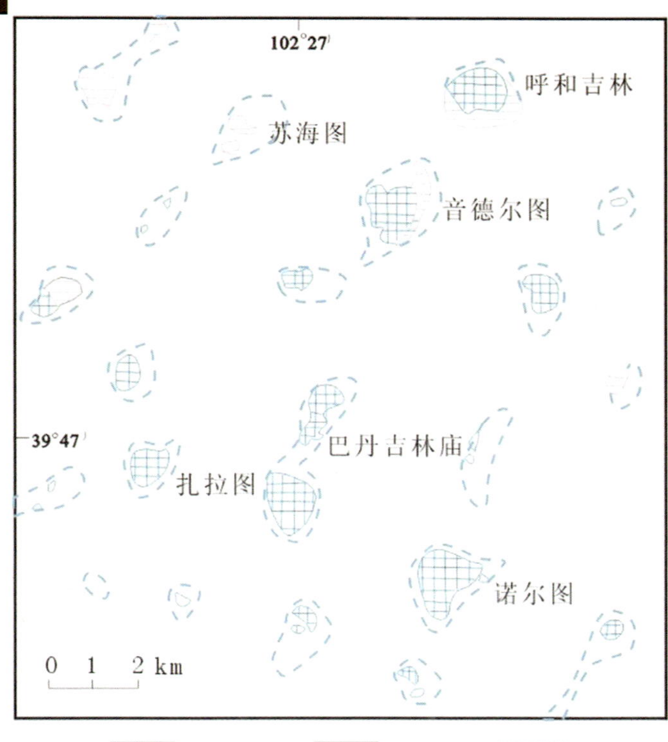
102°27′
呼和吉林
苏海图
音德尔图
39°47′
巴丹吉林庙
扎拉图
诺尔图
0 1 2 km
图例
现代湖泊
古湖岸线
盐碱地

西诺尔图湖

西诺尔图湖位于巴丹吉林沙漠南部边缘地带，属小型盐水湖泊。湖面近椭圆形，长轴约200m，为北东向。西诺尔图湖西畔有险峻的鸣沙山，轻轻刨沙或在沙上划动，沙子会发出如飞机掠过天空的轰鸣声。湖水秀美，波光涟涟，沙山白云倒映其中，形成一幅令人目眩心醉的美景。

音德尔图湖

音德尔图湖位于巴丹吉林沙漠腹地的必鲁图峰的西南侧，属咸水湖泊，湖面形状宛若胎儿。金色的沙山环湖矗立，宏伟壮观；碧蓝的湖面微风吹拂，若明若暗。湖中还有许多泉眼，清澈、甘甜的泉水喷涌而出，泛起阵阵水花。湖岸芦苇郁郁葱葱，微风拂过碧波万顷，令人心旷神怡。

东诺尔图湖

东诺尔图湖是巴丹吉林沙漠众多湖泊中最美的一个，近月牙形，长轴约2000m，水最深可达16.8m，是沙漠中最深的咸水湖。该湖有许多泉眼，盐碱化程度较低。这里沙峰层峦叠嶂，蜿蜒绵长；湖面碧波荡漾，湖畔水草郁郁葱葱，芦涛低吟，微风拂煦，好一片大漠“江南”风光。这里也是巴丹吉林沙漠游览线路中规模最大的服务点。

策勒格尔湖

策勒格尔湖位于巴丹吉林沙漠腹地，属盐水湖泊。湖面呈心形，长轴北西向，约1500m。湖岸发育两级阶地，高差2m。俯瞰策勒格尔湖，整个湖宛若一颗璀璨的明珠镶嵌在深圆妩媚的沙涡之中。湖边敖包上无数哈达和写满经文的布条，记载着巴丹吉林悠久的历史，铭刻着大漠牧人对风调雨顺、幸福康乐的祈盼。

苏敏吉林湖

苏敏吉林湖又名庙海子，因其湖畔宏伟的巴丹吉林庙而闻名，也属咸水湖。湖泊呈椭圆形，长轴北东向，约2000m。该湖富营养化程度较低，盐化水近于饱和状态。湖水清澈湛蓝，波光粼粼，沙山、古刹、碧草倒映湖中，宛若幽静的世外桃源。

苏敏吉林湖

腾格里沙漠中的月亮湖

腾格里沙漠深处的绿洲

月亮湖

月亮湖位于巴彦浩特西南70km的腾格里沙漠腹地，面积约3km^2，是一个秀丽、神奇的天然淡水湖泊，也是距离国内各大城市半径最短的沙漠探险营地。

月亮湖有三个独特之处：一是形状酷似中国地图。站在高处沙丘一看，一幅完整的中国地图展现在眼前，芦苇的分布更是将各省区一一标明。二是湖水天然药浴配方。湖水富含钾盐、锰盐、少量芒硝、天然苏打、天然碱、氧化铁及其他微量元素，与国际保健机构推荐的药浴配方极其相似，湖水极具生物净化能力，能迅速改善、恢复自然原生态本色。三是千万年黑沙滩。长达1km，宽近百米的天然浴场沙滩，推开其表层，下面是厚达十多米的纯黑沙泥，其质地远超死海的黑泥，更是天然泥疗宝物。

天鹅湖

天鹅湖地处腾格里沙漠东部边缘，位于巴彦浩特通古淖尔西南12km处，属古代湖泊因干旱而被分割的时令湖之一，因存在地下承压水而不干涸。天鹅湖与月亮湖南北相距35km，与巴彦浩特东西相距35km，三者形成一个钝角等腰三角形。湖水面积约3.2km^2，四周是浩瀚的沙漠，沙丘起伏、沙涛滚滚，景象奇伟壮观。

每年的11月和次年的3、4月份，成千上万的白天鹅在天鹅湖面栖息游玩，由此得名天鹅湖。在从西伯利亚向南方迁徙的路

沙漠湖泊（天鹅湖）

上，美丽的天鹅湖成为了候鸟歇脚和加油的驿站。

天鹅湖和月亮湖，是腾格里沙漠422个湖泊中一对出众的姐妹花。她们相互衬托，各具魅力，吸引了大批游客。天鹅湖湖面呈带状，湖水清澈、明净，水域广阔，湖边有1km长、百米宽的黑泥区。站在湖畔，只见千万株马兰花绕湖迎风怒放，蓝醉了湖、蓝醉了天。马兰花外面是近2000株沙枣树围成的绿色屏障。5月的沙枣树撑起了一块块绿荫，沙枣花开得正旺，洒下了满湖的清香。除了天鹅，平常也有野鸭、灰鹤在这里停留嬉戏、上下翻飞，为腾格里沙漠平添了无限生机。

通湖

通湖位于腾格里沙漠东南端，是自然景观独特的沙漠湖盆之一。四面沙丘环抱，内部湿地富饶。

腾格里沙漠旅游区和内蒙古水稍子大漠度假营寨就位于此。这里南与宁夏中卫市及举世闻名的沙坡头隔沙相望，由中卫市或沙坡头经迎水桥镇往北31km，交通极为方便。

通湖旅游区沙丘环抱，绿草茵茵，林木繁茂，空气清新，牛羊成群，候鸟翩翩。新建的蒙古包群，五彩的野营帐篷，休闲茶座与飘飘营旗、串串灯笼连成一片，民族风情浓郁，如诗如画。通往旅游景区的道路两侧，人工治沙工程气势宏伟，令人叹服。静谧的清晨，或骑马、或徒步去领略通湖四周摇曳的芦花，嬉戏的野鸟；抑或驱“沙漠之舟”北行，深入沙漠腹地，目睹旱生灌木种群和人工绿洲，体验清溪神泉的妙趣。入夜在沙坡上席地而卧，大漠为床，苍天为帐，观看满天繁星，接受清风的洗礼，定使人心旌荡漾，无比惬意。

阿拉善沙漠奇景

三大沙漠分布

阿拉善盟1/3的地区都覆盖着茫茫沙漠。巴丹吉林沙漠分布于额济纳河、古日乃湖以东，宗乃山和雅布赖山以西，拐子湖以南，北大山以北地区。面积约49200km^2，是中国第三大沙漠。

腾格里沙漠位于阿拉善盟东南部，介于贺兰山西麓冲积平原和雅布赖山之间。在行政区划上东部属内蒙古自治区，西部属甘肃省，南部属宁夏回族自治区，总面积约42700km^2，属中国第四大沙漠。

乌兰布和沙漠位于阿拉善左旗东北部，东濒黄河，西邻吉兰泰盐湖，南抵贺兰山北麓，北接阴山山系狼山，面积约9900km^2。

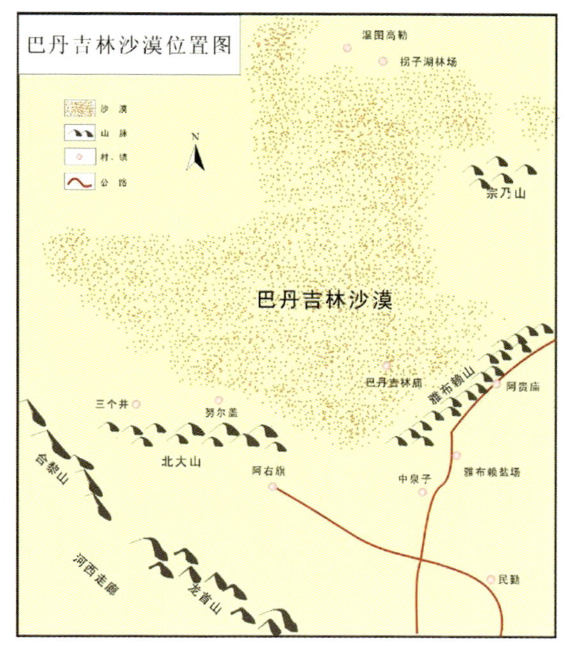

巴丹吉林沙漠位置图（高全洲等，1995）

三大沙漠的姿色

巴丹吉林沙漠

巴丹吉林系蒙古语，巴丹是由巴岱演变而来。巴岱是人名，几百年前在此居住。吉林是数词，即六十。当时在这片沙漠中最初发现六十个湖泊。巴丹吉林是由巴丹与吉林二词组成。

“五绝”景观

“奇峰、鸣沙、秀湖、神泉、寺庙”堪称巴丹吉林沙漠的“五绝”。巴丹吉林沙漠是世界唯一高大沙山群分布密集的沙漠，沙山以高、险、陡、峻著称，其典型性在世界上“无漠能及”，一般海拔高度在1200～1500m之间。其中最高的沙山必鲁图沙峰海拔为1609m，沙山相对高差达426m，为世界沙漠之最，被称为“沙漠珠穆朗玛峰”。这里有世界最大的鸣沙区，被称为“世界鸣沙王国”。巴丹吉林沙漠中湖泊星罗棋布，无数高大沙山与144个内陆小湖相间分布、相映成趣，形成独特的沙漠景观，其分布密度在世界诸沙漠中也是首屈一指的。在沙漠的湖泊中，发育有许多的淡水泉，泉水甘甜清澈、长年不断，咸水和淡水往往相伴相生，甚是奇特有趣。

必鲁图沙峰

巴丹吉林沙漠，拥有沙漠所有的瑰丽与神秘。巴丹吉林沙漠景观瑰丽优美，奇伟壮观，缤纷多姿。在沙漠腹地，高峰林立，层峦叠嶂，沙脊如削；沙壑、沙峭、沙峰层层叠叠，各种形态的沙丘披裹着金色盛装，在落日余晖的映衬下显得更加优美迷人；沙湖四周芦苇丛生，湖水碧波荡漾，水鸟嬉戏，鱼翔浅底，享有"漠北江南"之美誉；高大的沙山和晶莹的海子相映成趣，湖光沙色，叫人心旷神怡；这里时常还可以领略到"海市蜃楼"、"大漠日出"等奇特景观。

巴丹吉林沙漠中景观类型十分丰富，不仅有神秘奇特的沙漠地貌景观、风景优美的沙湖、广泛分布的鸣沙，还拥有许多迷人的人文景观，它是一个自然与人文的完美结合。苏敏吉林湖畔的巴丹吉林庙已拥有数百年的历史，庄严肃穆的古刹悠悠地诉说沙漠神奇的故事和传说；沙湖湖畔生活的蒙古族牧民豪放热情，有着蒙古族最典型、原始的民族风情；沙漠中出土的大量古石器和恐龙化石把人们带回了远古的巴丹吉林。

总之，巴丹吉林沙漠集沙丘、沙山、沙湖、神泉、古刹、传说及民族风情等为一体，是多种景观类型的完美组合，也是进行沙漠科学研究、旅游探险、观光游览的地质遗迹资源宝库。

巴丹吉林的沙子会唱歌

神奇美丽的巴丹吉林蕴藏着丰富的地质遗迹景观资源，鸣沙便是一绝。巴丹吉林沙漠中的鸣沙区,沙丘高、保护好、无污染、面积大，这里是观察鸣沙现象的典型地区。宝日陶勒盖的鸣沙山，高达200m，峰峦陡峭，沙脊如刃，高低错落，沙子下滑的轰鸣声响彻数千米，鸣沙声犹如飞机群轰鸣声，沉闷而深远，震撼人心。巴丹吉林鸣沙区是沙漠探险者的理想之地。虽然敦煌鸣沙山和鄂尔多斯的响沙湾开发都比较早，但是从资源的角度，敦煌鸣沙山与响沙湾的面积和高度都不及巴丹吉林的鸣沙山。巴丹吉林沙漠具备的独特性和稀缺性，对游客具有更大的吸引力。同时，开发潜力也非常巨大。旅行穿越巴丹吉林沙漠，能给人以原始粗犷豪放之感，这对于久居城市而向往大漠豪情的人们来说，绝对是挑战之旅、难忘之行。

咸水湖的水好甜

巴丹吉林的沙湖一般都处在沙山的背风侧，这个特征决定了湖泊不会被日益扩大的沙漠所掩埋。最特别的是，清澈的沙湖咸甜水相伴而生，且无论冬夏，水位恒定，镶嵌在大漠里，珍珠般闪烁。而咸水海子里喷出的泉水却十分甘甜，这更加令人不解。

苏敏吉林湖就是一个咸水湖，由于湖水的不断蒸发和矿物质的不断积累，水的密度变大，浮力也大大增加，称为巴丹吉林的“死海”，就是不会游泳的人在湖中也不会沉下去。这样的湖在巴丹吉林沙漠里很多。所不同的是，这里有一眼听经泉，因其邻近巴丹吉林庙而得名。相传听经泉能闻经声而涌，诵经声越大，涌出量越大。即便是现在，游人大吼一声，泉水水珠也明显增高，喊声一停，泉水也戛然而止。泉水纯净甘甜，而湖水却咸苦干涩，

为什么会产生这样罕见的奇特现象呢？原来，苏敏吉林湖的基底上覆盖着厚厚的淤泥，淤泥含饱和的地下水，并且十分松软。人行湖边或有叫喊声都会产生振动，振波随含水淤泥传播，同时产生挤压力。这种压力遇到湖心的淤泥裂缝，便不断上涌，出现神奇的听经涌泉现象。

闻声而起的听经泉

音德尔图沙湖

音德尔图湖中有一处“神泉”。湖中一块约$3m^2$的礁石兀出，其上分布有108个泉眼，泉水有的漫石流淌，有的喷涌而出，一年四季清澈、甘甜，当地牧民誉之为“圣水”。泉水中含有多种人体必需的稀有元素，是少见的优质矿泉水，具有驱病强身之功效。当地牧民对圣水的功效深信不疑，所以不辞辛劳地来到这里接饮。他

神泉

们手拿空瓶，脱下外衣扑向水中，灌满“神泉”水后带着一身白霜便乐呵呵地走出来。渗入眼中、体内的盐碱只能靠泪水和汗水洗去，然而喝进嘴里的泉水却一直甜到了心窝。“圣水”究竟从何而来，是不是取之不尽呢？

实际上，“神泉”水属于地下承压水，礁石下方的潜水面较低，而周边潜水面较高，于是周围的地下水往中间汇聚。由此产生的压强使地下水上涌，并通过岩石裂缝冒出，源源不断。

腾格里沙漠

腾格里系蒙古语，意为“天”，指茫茫沙海如渺无边际的天空一般。腾格里沙漠地势由东南向西南缓降，海拔在1200～1400m之间。腾格里沙漠中的水源条件较好，多处发现自流水，且广泛分布着大大小小的绿色湖泊。湖泊有规则地南北向平行排列，其间隔为3～5km宽的流动沙丘带。一般湖泊多呈长条形，延伸20～30km，宽仅1～3km，是古代湖泊干涸后的残余部分。沙漠区基底多系基岩，沙漠潜水除降水补给外，大部分以基岩裂隙水补给，因而，地下水较为丰富。沙漠中的沙物质主要来源于沙质河湖相沉积。在长期干旱的条件下，古代湖泊至今已被分割成400多个较小的时令湖，使腾格里沙漠成为我国湖泊最多的沙漠。

腾格里沙漠与绿洲

众多地貌交错分布

沙丘、湖盆、山地、残丘及平地等交错分布，是腾格里沙漠内部最大的特征。其中，沙丘占71%，湖盆草滩占7%，山地，残丘及平地占22%。即使是沙丘，其中又有7%为固定及半固定沙丘，93%为流动沙丘。特别是在沙漠西南部，一些大致南北走向排列的垄岗地区，除丘顶为流沙外，丘间都系沙土质地面，大部分被植被覆盖，主要为麻黄及油蒿群丛。在沙漠中部、南部及北部的一些凹地里，植物生长较好，主要为蒿属，当地称作沙蒿塘。而在广大的流动沙地，沙丘背风坡和丘间低地也见有稀疏的植被，如沙拐枣、花棒、沙竹等。流动沙丘以格状沙丘及格状沙丘链为主，也有一些复合型沙丘链等。高大沙丘主要分布在沙漠中心偏东北部，沙丘链则分布在边缘地区。

腾格里沙漠中还有不少未被流沙覆盖的山地残丘，在西部及南部断续分布有两条大致为东西走向的山岭，如岛屿状矗立在沙海之中，偏西者为阿古拉山、青山、头道山、二道山、三道山和四道山；南部为东青山及东西双合山。沙漠南部是西北东南走向的通湖山，北部则为零散分布的孤山残丘，如图兰泰山、五个子山等。上述这些山岭因遭受长期剥蚀作用，高度都不大，一般在50~200m。沙漠内部的平地主要在查拉湖至通湖林场之间，地势比较平坦，有若干小湖分布其间。

各式湖盆独具特色

腾格里沙漠中分布着数百个存留数千万年的原生态湖泊。湛蓝天空下，大漠浩瀚、苍凉、雄浑，千里起伏连绵的沙丘如同凝固的波浪一样高低错落，柔美的线条显现出它的非凡韵致。站在腾格里沙漠高处的沙丘上，大大小小的湖盆错落有致地分布着。沙漠西部及南部湖盆大部分不规则分布，最大者为邓马营湖、麻沙湖和白碱湖，面积在50~100km^{2}左右。湖盆较小者面积都在3km^{2}以下，除部分为临时性集水洼地外（约为1km^{2}以下），还有不少小湖靠泉水补给。如月亮湖，湖底就有少许泉眼补给，水质良好，

腾格里月亮湖

含有矿物质，使湖盆在强蒸发下还勉强能保持原样，但已呈现出富营养化状态，一些河床已经出露。在沙漠中部偏东北地区，湖盆面积较小，多位于东北西南走向的复合型沙丘链之间的丘间洼地中，呈有规则的排列，大部分也靠泉水补给。

上述这些湖盆虽分布特点有所不同，但其形状大致相似，由外至内大致是：湖盆之外为流动沙丘，湖盆边缘为固定及半固定沙丘(以白刺沙堆为主，伴生有芨芨草、沙竹等)，湖盆内部除最低凹地有积水外，主要为草甸土，有些地区为盐生草甸，地下水位深仅1m左右，但矿化度较高。近年来，由于沙漠中强蒸发，这些湖盆富营养化、盐碱化严重，致使湖泊面积缩小，河床出露。

月亮湖，湖底就有少许泉眼补给，水质良好，含有矿物质，使湖盆在强蒸发下还勉强能保持原样，但已呈现出富营养化状态

乌兰布和沙漠

乌兰布和沙漠

乌兰布和在蒙古语中的意思是红公牛，形容沙漠厚重磅礴的气势。沙漠地势平坦，由东南向西北倾斜。沙漠中生有甘草、花棒、麻黄、锁阳、沙棘、梭梭等多种名贵药材和稀有植物，并分布有大小湖泊100多处，是鸟类繁殖和迁徙的地方，每年春天有白天鹅等100余种鸟类栖息在湖中。大大小小的湖泊似一颗颗璀璨的明珠镶嵌在乌兰布和沙漠中，成为大漠中一大奇观，与沙海驼影、大漠落日和生机盎然的沙生植物、田园风光共同构成了大西北粗犷、恢弘、神秘莫测的天然神韵。

沙漠英雄树——胡杨

胡杨是生长在沙漠中的乔木树种，属落叶乔木。胡杨又名胡桐，是世界上最古老的杨树品种，多生长在水源附近，能在零上40℃的烈日中娇艳，能在零下40℃的严寒中挺拔，耐盐碱，生长较快，生命力极强，被誉为“活着的化石树”。它见证了中国西北干旱区走向荒漠化的过程。

大自然的根雕

额济纳胡杨林是目前世界上仅存的三大天然胡杨林之一。现存面积约220km²，仅次于新疆，居全国第二。胡杨有“生而不死一千年，死而不倒一千年，倒而不朽一千年”的三千年生命之说，被称为“死亡之海”的沙漠的生命之魂。是坚强不屈的中华民族精神的象征。

怪树林

怪树林位于达来呼布镇南22km。这里几十年前还是胡杨森林，由于水源不足、气候干旱和人为原因等因素，胡杨树大面积枯死。枯木东倒西歪，了无生机，一片苍凉场景，既是大自然天然根雕艺术的展示，又时刻警示着人类保护生态环境的重要性。

神树

在额济纳旗达来呼布镇以北26.5km处，生长着一棵被当地人称为“神树”的胡杨树。树高23m，主干直径2.07m，径围6.5m，需6人手拉手才能围住。这棵千年“神树”一直保持着旺盛的生命力，从其发达的根系中又分蘖出5棵粗壮的胡杨树，称为“母子树”。

金秋的胡杨

金秋的胡杨林是额济纳最富魅力的景观。

沙漠之舟——骆驼

阿拉善素有“骆驼之乡”的美誉，是我国双峰驼的主要分布区。在地球亿万年的沧桑变迁中，骆驼成了陆地上生命力最顽强的哺乳动物之一。

阿拉善双峰驼高大结实，肌肉发达有力，颈长呈“Z”字形弯曲，体形为高方形，胸宽而深，背短腰长，两峰挺立而丰满，四肢关节强大，蹄大而圆，毛色多为杏黄或红棕色。阿拉善双峰驼产肉多，肉中脂肪含量低，肉质好。驼奶是荒漠地区牧民的主要奶食品来源，还具有保健、医疗功能。骨架、骨髓的价值高、利用率高；驼峰和驼掌的脂肪多、热量高，都是国宴中的珍品。驼绒品质好、纤维长、强度大、色泽亮丽，是高级毛纺产品的优质原料，且驰名中外。

双峰驼作为一个古老的原始品种，在长期的选育过程中形成独特的生理机能，比如血液中红细胞对体内水平衡的调节能力，利用体温在一定范围内的变化来适应并培养抵御严寒的能力等，都是其他家畜所不具备的。正是因为具有其他畜种不可替代的重要地位，品种优良的阿拉善双峰驼长期以来就是当地的畜牧业经济的主要支柱。双峰驼的役用性能超群，是闻名于世的“沙漠之舟”。它拉车载重可达1t；驮运175kg，日行程可达35km；单人骑乘，可日行50km左右。在8级大风和零下20℃~零下30℃的条件下，它能照常前行；10天左右滴水不进，仍可负重前行。古代连接中国和西方的“丝绸之路”，可以说是由骆驼造就和维系的。同时，它在边防巡逻、发展民族文化和传统体育、特色旅游等方面也具有很大用途。至今，驻守在中蒙边境的边防战士，还常常骑乘骆驼巡逻执勤。2006年，阿拉善双峰驼列入国家级畜禽遗传资源保护名录，意味着国家将对这一古老畜种遗传资源实行重点保护。

大漠驼队

祖祖辈辈完全靠养驼为生的牧民，与骆驼有着千丝万缕的情感，在漫长的岁月中，创造了多彩而深厚的骆驼文化。阿拉善的牧民，不分男女老少，都有一套高超的骑驼技术。每逢婚宴、敖包盛会、寺庙经会等盛大集会，牧民从居住地，三五成群地驱驼疾驰，非常壮观。随着社会经济的发展，赛骆驼成为传统民族体育运动的一项主要内容。在历届全国少数民族传统体育运动会上，阿拉善双峰驼的精彩表演，深受国内外观众的喜爱。

揭开沙漠神秘的面纱——沙漠成因

沙漠是干旱气候与丰富沙源条件下的产物，多分布于干旱区，整体面积大，风成地貌复杂。到底从什么时候开始出现沙漠，这是一个长期争论的问题，特别是中国沙漠形成的时代，各家的观点存在着很大的分歧。但有一点是毋庸置疑的：西部现代大沙漠早在有文字记载以前的第四纪中期就已存在，并且经历了一个漫长的自然历史过程。根据岩性岩相对比和年代测定结果，不少学者对我国含古风成沙地层进行了划分和对比，初步建立了我国沙漠演化的时间序列和空间格局。在时间上，我国沙漠经历了白垩纪、古近纪、新近纪、第四纪几个演化阶段。在空间上，前第四纪的沙漠自西北往东南横贯我国中部，第四纪沙漠则集中于我国西北部地区。

巴丹吉林沙漠是怎样形成的

(一)探究形成时代

对于巴丹吉林沙漠形成的时代，研究者们有不同的看法。一些学者认为，巴丹吉林沙漠的堆积应自晚更新世末期至全新世初期开始，盛行期是全新世中期至近代；而另一些学者则认为，沙漠开始形成于早更新世晚期；更有人认为，沙漠最早形成于上新世到更新世初期。但是，众多观点中，以“沙漠发育于早更新世”最为盛行，它是通过C_{14}测年，并参照生物化石、孢粉组合特征、粒度参数特征、地球化学特征和古冰缘现象等，验证并证明了本区沙漠至少在第四纪早更新世（距今248万年）就已经出现，并一直持续到现在。

(二)什么环境形成茫茫沙海

(1)重要的气候因素

沙漠是干旱气候的产物。中国北方极端干旱气候形成的主要因素有：

①远离海洋，海洋附水气气流不能到达或不能深入；

②盆地地形条件造成局部下沉气流，尤其是青藏高原的隆起使西部沙漠盆地气流更加封闭；

③青藏高原的隆起搅乱了整个东亚的气候格局，西风环流出现了分异，形成了青藏高原北支反气旋性西风急流、中国东南部的西南季风和东南季风，导致西北地区更加干旱。

巴丹吉林沙漠所在阿拉善地区处于亚洲大陆腹地，远离海洋，东南季风影响微弱，气候干旱少雨，夏热冬寒，风大沙多，蒸发强烈，属于典型的大陆性气候。

(2) 特殊的构造因素

巴丹吉林沙漠从构造上来说属于阿拉善地块中的凹陷盆地，以宗乃山西侧断裂与阿拉善隆起相分开。从分布的地层和构造来分析，古生代本区可能与阿拉善隆起为一体，海西运动发生褶皱隆起，同时也在阿拉善隆起间产生了断裂。燕山运动期间由于周围断裂再度复活，四周山区上升，盆地凹陷，内部发育了巴丹吉林沙漠。

(3) 沙源——必要条件

沙源是沙漠、沙丘形成发育的物质基础，它与相邻地区地貌和下覆地层有关，也与出露地层形成时的沉积相有关。沙漠沙的来源，包括风成沙和非风成沙两大类。后者主要由流水搬运和堆积而成，沙粒分选作用不明显，磨圆度较好。沙丘主要源自附近地区的下伏沉积沙，经风力吹扬和堆积而成，沙粒分选良好。巴丹吉林沙漠主要沙物质发源于祁连山的古代河流巨厚冲积物和湖积物。

(4) 风动力——重要条件

沙漠发育的动力主要来自西风环流和季风环流。末次冰期以前，巴丹吉林地区主要受中纬度上空西风环流影响，因而地表盛行西风，次为西北风。由于西风环流带来了相对丰沛的降水，使沙丘中碳酸钙大量淋溶。末次冰期以来，青藏高原的隆升对西风环流阻挡作用的加强，使西风环流遭遇青藏高原的阻挡被迫分为南北两支，北支因天山和阿尔泰山的堵截转向东北，然后进入中蒙边境东经97°附近南下，复遇西昆仑山、祁连山等高山的阻挡被迫分为两股，一股形成东北风进入塔里木，而另一股则形成强劲的西北风进入阿拉善高原，成为巴丹吉林等诸沙漠发育的主要动力。

(5) 地形地貌——关键因素

调查表明，巴丹吉林沙漠的下覆基底地形主要有三类：一是更新世河湖相构成的泛滥平原，主要分布于古日乃湖以东、拐子湖以南流动沙丘地，地形起伏20m左右；二是由古近纪、新近纪红色砂黏土岩构成的剥蚀丘陵，主要见于沙漠东南缘伊克力敖包附近，出露高度100m以上；三是由白垩纪砂岩或花岗片麻岩构成的丘陵，主要见于沙漠东南缘宝日陶勒盖附近，出露高度150m以上。基底地形的起伏不仅会改变近地表风的运行形式，而且高大的山岭往往成为风沙流运行的障碍。

(三) 巴丹吉林沙漠的变化

(1) 演化时期

晚更新世以前和晚更新世晚期以及全新世早期和全新世晚期沙漠处于活动、扩大阶段。其中，晚更新世晚期可能是巴丹吉林沙漠的主要活动期；晚更新世早期和全新世中期是沙漠的主要固定、缩小期。

(2) 有趣的演化模式

巴丹吉林沙漠自晚更新世以来经历了多个演化阶段，表现为沙漠的多次活动期和稳定期的反复交替。

沙漠随时间发展而表现出来的波动性反映在不同的地貌单元上，就是地层中风成沙性状的变化或风成沙与其他类型沉积物的交替。

在高大沙山、沙丘分布的沙漠区，当沙漠处于固定期时，风沙地貌发育处于相对休止阶段。随着生物化学作用的加强和钙质淋溶过程的发展，沙山和沙丘被逐渐固定下来，沙丘背风坡和丘间地表有植被生长，一些丘间地带甚至积水成湖。在沙漠外围的冲积平原区，当沙漠处于固定期时，流水活动占主导地位，前期形成的沙丘被冲刷、淤平。从周围山地冲、洪积过程带下的砂砾物质沉积到戈壁平原上；当沙漠处于活动期时，风蚀、风积作用取代了流水作用，风蚀作用对前期地表沉积的砾石进行改造，形成风棱石，砾石表面形成荒漠漆。在冲、洪积扇，尤其是向冲、洪积平原过渡的扇缘带，地貌发

沙波纹

巴丹吉林沙漠

育与冲、洪积平原干冷期属于同一模式。在沙漠固定期，地貌以冲积和洪积作用为主，流水所携带的细粒物质沉积，相对低洼部位积水成湖。在沙漠四周的山地、丘陵地区，沙漠活动期以寒冻风化和物理风化过程为主，形成丰富的砂砾物质，并伴随有坡积、崩塌等过程。在沙漠固定期，流水作用经冲、洪积过程将砂砾物质带到异处，为今后的风沙活动提供了基础。

在沙漠活动扩大期，风沙活动强烈发展，风沙地貌发育，沙漠的范围向东、向南扩展；反之，在沙漠固定缩小期，沙漠外围的山脊地带流水活跃，即使在沙漠内部的丘间洼地中也有湖泊发育，同一地区出现风成沙、湖沼相互穿插分布的景观，沙漠的范围向西、向北退缩。从巴丹吉林庙一带沙山中发现的发育程度较弱的钙质结核、根管来判断，在这一时期内，巴丹吉林沙漠东南部地区的沙山、沙丘也受到一定程度的固定，并生长有灌木，但远没有到达成土壤的程度。

由此可见，巴丹吉林沙漠的演化模式为活动期和固定期反复交替的波动性。另外，从微观区域上看，顺西北风向（冬季风向），沙漠中风积床面形态依次为简单新月形、新月形沙丘链、复合新月形和复合沙丘链、高大沙山、金字塔沙丘等。将上述沙丘空间发育序列转换到时间坐标上可以看出，随着沙源的充分供应和沙丘发育时代的增长，风积床面形态经历了简单新月形、新月形沙丘链、复合新月形、复合沙丘链到适应当前风向的高大沙山。

腾格里沙漠的变迁

自6万年前至今，腾格里沙漠经历了5个演化阶段，各个阶段沙漠的空间范围均存在差别。末次冰期早、中期(距今6万~2万年)腾格里沙漠的范围远没有到达现在的位置；末次盛冰期(距今2万~1万年)，沙漠向东南方向大规模扩展，奠定了东南缘现代沙漠环境的格局；全新世中期(距今8100~5200年)，沙漠东南部得到固定，沙漠范围缩小；全新世早期(距今11000~8100年)、晚期(距今5200年至现代)与现代沙漠环境接近。

通过对地层、沉积构造、粒度、石英砂表面微结构及动物群、孢粉组合的分析表明，晚第三纪腾格里沙漠气候炎热干旱，干湿季节变化明显，生物气候带为亚热带疏林草原甚至荒漠草原，并且已经有风成沙存在，出现了类似现代风沙迁移、堆积的风沙地貌过程。在贺兰山东麓和通湖山南麓的中新统地层中有古风成沙发现，那时的沙漠应当是行星风系控制下的亚热带红色沙漠。

腾格里沙漠月亮湖景区

全新世以来，腾格里沙漠至少出现过4次较为明显的强弱程度不一的沙漠逆发展过程。全新世大暖期的腾格里沙漠，气候温和，植被茂密，是适宜人类居住之地，发展了当时光辉灿烂的新石器文化。

三大园区

腾格里园区

以阿拉善左旗为主体，东、南以地质公园边界为界，西以阿拉善右旗为界，北以阿拉善盟与蒙古国的边界为界。园区以多样的沙丘、沙漠湖泊和峡谷景观为主，包括月亮湖、通湖和敖伦布拉格峡谷3个景区，面积131.5km^2。腾格里沙漠的腹地分布有大大小小422个湖泊，属古代湖泊因长期干旱而被分割的时令湖，受地下承压水的维持而不干涸。其中最有代表性的是月亮湖，面积约3km^2，湖水凝碧，苇丛含烟，是一个秀丽的淡水湖泊。这里已经发展为内蒙古西部别具特色的沙漠探险旅游区。

腾格里园区内交通距离

巴彦浩特镇——月亮湖景区 70km

巴彦浩特镇——月亮湖景区接待站 58km

接待站——月亮湖景区 12km

巴彦浩特镇——敖伦布拉格峡谷景区 220km

吉兰泰镇——敖伦布拉格峡谷景区 110km

峡谷——神根景点 20km

巴彦浩特镇——通湖景区 185km

巴丹吉林园区

巴丹吉林沙漠主要位于阿拉善右旗，其西以额济纳旗为界，东以阿拉善左旗为界。分布总面积近49200km^2，是中国第三大沙漠、世界第四大沙漠。巴丹吉林园区以高大沙山、鸣沙、沙漠湖泊和典型的风蚀地貌为主，包括巴丹吉林沙漠、曼德拉山岩画、额日布盖峡谷和海森楚鲁风蚀地貌4个景区，面积410.67km^2。

巴丹吉林沙漠拥有世界上最高的沙山——必鲁图峰，相对高度426m，有“沙漠珠穆朗玛峰”之称。它是中国最美丽的沙漠之一以及面积最大的鸣沙区。

巴丹吉林园区内交通距离

额肯呼都格镇——海森楚鲁景区 180km

额肯呼都格镇——额日布盖峡谷景区 53km

额肯呼都格镇——曼德拉山岩画景区 201km

额肯呼都格镇——巴丹吉林沙漠景区 68km

地质公园博物馆——巴丹湖 13km

巴丹湖——苏敏吉林 57km

苏敏吉林——必鲁图峰 10km

居延园区

居延园区以戈壁景观、胡杨林和古城遗址为主，包括居延海、胡杨林和黑城文化遗存3个景区，面积88.2km^2。景区内烟波浩渺的居延海、茫茫无垠的荒漠戈壁、戈壁与沙漠的过渡带，以其独特的景观吸引着人们在沙漠中寻找奇迹，渴望真切体验“柳暗花明又一村”的微妙感觉。

居延园区内交通距离

达来呼布镇——黑城文化遗存景区 36km

达来呼布镇——怪树林 22km

怪树林——黑城文化遗存景区 14km

达来呼布镇——胡杨林景区（神树） 26.5km

达来呼布镇——居延海景区50km

居延海景区——策克口岸（国门） 36km

达来呼布镇——东风航天城 150km

十大景区

月亮湖景区

月亮湖景区，位于腾格里沙漠腹地。景区面积72.51km^2。月亮湖是腾格里沙漠422个沙湖中一个秀丽的沙漠湖泊。东望其状如新月，西瞰似中国版图。它属古代湖泊因长期干旱而被分割的众多湖泊之一，受地下承压水的补给而不干涸。在月亮湖边向四周眺望，可以欣赏各种类型的沙丘形态和优美的沙脊线。湖水深碧，丛苇茂盛，各种鱼类遨游浅底，珍禽异鸟翩然湖上……景区是国家4A级旅游景区，是生态旅游、地学旅游与休闲度假的胜地。

敖伦布拉格峡谷景区

敖伦布拉格峡谷景区位于阿拉善左旗的东北部，面积50.94km^2，主要包括敖伦布拉格峡谷群、神根峰、骆驼瀑布等景区。是侏罗纪–白垩纪地层经后期流水侵蚀形成的峡谷，在中国北方极其少见，不仅形态优美，而且对于研究该地区的地质历史和构造活动具有重要的价值。

通湖景区

通湖景区位于腾格里沙漠东南缘，景区面积8.05km^2，是自然景观独特的沙漠湖盆地之一。四周沙丘环抱，内部湿地富饶。通湖湖畔绿草茵茵，牛羊成群，白色蒙古包、五彩野营帐篷，浓郁的民族风情融为一体，景色宜人，如诗似画。

巴丹吉林沙漠景区

巴丹吉林沙漠景区位于巴

丹吉林沙漠的东南部，规划面积340.6km²，最高的沙山——必鲁图峰海拔高程为1609m。是我国第三大流动性沙漠。沙山与湖泊交相辉映，140多个湖泊镶嵌于高大沙山之间。巴丹吉林沙漠的响沙最多，是世界上分布面积最大的鸣沙区,具有“鸣沙王国”的美誉。巴丹吉林庙被誉为“沙漠故宫”,始建于1755年。竣工于2007年的阿拉善沙漠国家地质公园博物馆，紧紧依偎在巴丹吉林沙漠的东南缘。

海森楚鲁风蚀地貌景区

海森楚鲁风蚀地貌景区是我国风力地质作用的典型地区之一，其规模大，形态完美，景区面积31.16km²。形成海森楚鲁风蚀地貌的岩石是距今约1.5亿~1.8亿年的花岗岩。由于花岗岩的矿物颗粒较粗，结构较为松散，抗风蚀能力相对较弱，加之该地昼夜温差较大，风力全年平均达3m/s以上，自然风化和大风扬沙对花岗岩体进行长期的剥蚀，久而久之便形成了独特的风蚀龛、蘑菇石等形态各异的典型风蚀地貌景观。

额日布盖峡谷景区

额日布盖峡谷景区面积为10.12km²。峡谷由侏罗纪—白垩纪褐红色互层状砂岩、砾岩组成，大型平行层理发育。由于地壳多阶段、非平均的抬升，加上前期流水和后期风蚀的外营力作用，形成了丹霞地貌。后期由于风力作用，谷壁上部表面风蚀龛发育。

曼德拉山岩画景区

曼德拉山岩画景区位于巴丹吉林园区东部，形成于中生代的曼德拉山上，面积18km²。在广泛出露的黑色基性岩脉上雕刻着4000余幅精美的岩画。它们分别记录了自原始社会以来，至元、明、清各代游牧民族的经济、社会和其他生存环境，堪称中国西北部精美的古代艺术画廊。

居延海景区

居延海由东居延海（苏泊淖尔）和西居延海（嘎顺淖尔）组成，湖泊水源补给主要来自其南部的额济纳河流。景区面积为36km^2。历史上,这里水草丰美，繁荣富庶。过去因为干旱曾一度干涸，近年来管理部门开始向居延海调水，使当地生态环境得到显著改善。今天的居延海，碧波浩渺、气势壮观，成为人们认识环境变化、爱护地球家园的重要科普基地。

胡杨林景区

胡杨林景区内的胡杨是世界上最古老的杨树品种，被誉为“活着的化石树”，景区面积36.8km^2。胡杨属落叶乔木，又名胡桐，多生长在水源附近，耐盐碱，生长较快，生命力极强，有“生而不死一千年，死而不倒一千年，倒而不朽一千年”的三千年生命之说。

黑城文化遗存景区

黑城文化遗存景区位于额济纳河东岸，景区面积15.4km^2。黑城西北角屹立着一座高12m的覆钵式佛塔，是黑城的独特标志。黑城内建筑群落布局井然，1372年，明朝征西将军冯胜攻破黑城后，朝廷随即放弃了这一地区。此后，黑城便在尘封的历史中沉睡了几百年。黑城是“丝绸北道”上现存最完整的一座古城遗址。

地质遗迹

上天是如此眷恋这片土地，创造并奉献给阿拉善众多不朽的地质杰作。除了天堂般的沙漠景观以外，还有丰富、壮美的戈壁景观，神奇的风蚀、流水地貌景观，古生物化石及其他地质作用下形成的多样地质遗迹。

化石遗迹

内蒙古阿拉善盟包括两个自治区级古生物化石地质遗迹保护区，它们分别是罕乌拉—乌力吉苏木恐龙化石地质遗迹保护区和额济纳旗马鬃山古生物化石保护区。

罕乌拉—乌力吉苏木恐龙化石地质遗迹保护区属阿拉善左旗管辖，地处中蒙边境，属吉兰泰镇和乌力吉苏木，保护区面积888.17km^2。本区白垩纪恐龙生物群分为早、晚二期生物群，早期恐龙生物群为鹦鹉嘴龙生物群，晚期为原角龙生物群，是内蒙古地区恐龙化石富集区之一。在距阿拉善左旗吉兰泰盐湖60km处的毛儿图鄂博东北大水沟，发现了大水沟吉兰泰龙化石，属晚白垩世的肉食龙。

额济纳旗马鬃山古生物化石自治区级保护区位于内蒙古自治区西北边陲额济纳旗境内，属额济纳旗西北部的马鬃山苏木所辖，总面积24.74km^2。保护对象为白垩纪地层中的恐龙骨架化石、恐龙足迹化石及其蛋化石，龟鳖类化石、鳄类化石等古脊椎动物化石。此外，在额济纳旗马鬃山还有钙化木化石，同时还包括石炭纪的古无脊椎动物化石等自然保护区。

规模不等的钙化木化石

吉兰泰盐湖

吉兰泰盐湖，原名陶力淖尔，位于内蒙古自治区阿拉善左旗北部吉兰泰镇的西南部，西距巴彦乌拉山20km，东南距贺兰山80km，南距阿拉善盟盟府巴彦浩特110km，东距乌海市120km。

吉兰泰盐湖为一椭圆形盆地，呈东北—西南走向，东接乌兰布和沙漠，西北邻近巴彦乌拉山。盐湖盆地四周海拔为1700～2000m，湖面海拔为1025m。总面积为120km^2。

盐湖景观

盐山风貌

吉兰泰盐湖是第四纪以来形成的固液相并存的石盐、芒硝矿床，固相矿产以石盐为主，次为芒硝、石膏；液相为石盐晶间卤水和承压卤水。盐矿平均深度为3~4m，总储量为11400万t，其中固体石盐为9757万t，卤水中的氯化钠储量为1467万t，芒硝储量为942.3万t，属内陆中型盐矿。吉兰泰盐湖基本上属于干盐湖，石盐层直接出露于地表，石盐层下部为芒硝、石膏、淤泥等矿物沉积。灰黑色淤泥为矿床底板，矿体整体为中间厚、四缘薄呈锅底状，未受构造变动破坏，具有明显的水平分层现象。

吉兰泰盐湖处于贺兰山与巴彦乌拉山之间的断陷盆地内，愈向西北愈低，形成了一个东北—西南走向的盆地。盐湖位于乌兰布和沙漠的西缘，盐湖四周为沙丘、沙垄环绕，除盐湖西南边缘为宽约2~3km的盐碱滩地及盐湖西1~2km为砾石滩外，其余的北、东、南三面均为沙漠区。

吉兰泰盐湖是个残留湖，它的前身是晚更新世的吉兰泰湖。它的演化过程经历了几万年的时间，构造运动和气候变化则是湖泊演化的基本动力。

阿拉善奇石

阿拉善奇石主要分布于阿拉善左旗北部戈壁地带，产于乌力吉、银根等戈壁地区。阿拉善奇石多属风凌石，主要为硅质岩，有水晶、玛瑙、碧石，形态各异的玉髓、蛋白石、硅华、硅化物等。阿拉善奇石原岩由距今8000万~1亿年前火山喷发的岩浆冷却而成，经长期的地质作用，岩石中抗风能力较弱的部分被剥蚀，留下最坚硬且具韧性的硅质部分，形成了千奇百怪、绚丽多彩的奇石。阿拉善奇石大多数属未成熟性玛瑙，质地坚硬、造型生动、图纹美丽、色泽斑斓。奇石表面粗细有别，有的皱褶不平，有的则经过长期的风沙磨砺形成了栩栩如生的形态，有的似人物、有的类山水、有的像鸟兽，神韵飘逸，每一个都是无法重复的杰作。其中，葡萄玛瑙是阿拉善奇石中的珍品。由于其坚硬如玉、晶莹剔透、色彩绚丽、造型奇特、非常稀少，因此很贵重。

峡谷地貌

峡谷最基本的形成条件有两个：一是有流水作用，二是地壳的抬升运动。峡谷是在新构造运动中形成的，也就是在新近纪末期以来发生的地壳抬升中形成的。地壳抬升，流水下切，经历数十到数百万年才形成了今天的峡谷景观。

敖伦布拉格峡谷

敖伦布拉格峡谷位于阿拉善左旗敖伦布拉格镇境内。峡谷由褐红色的含砾砂石构成，全长5km。它是在早期流水侵蚀作用下形成的峡谷地貌基础上，又叠加了风蚀作用，形成了现在的峡谷地貌。谷壁上有风蚀龛（凹槽），部分地段还有变质花岗岩出露。峡谷曲折蜿蜒，在蓝天、白云的衬托下，瑰丽无比，气势恢弘。峡谷两侧悬崖峭壁如刀切一般，仰望长空可见两侧石壁几欲封顶，天幕中仅有一条亮线，可谓一线天。峡谷尽头的红色巨石上的灰白色岩性显示的图案极像蒙文"阿拉善"。

"阿拉善"

神根

敖伦布拉格的查森高勒矗立着一根石柱，被当地蒙古族人拜为“神根”。石柱整体呈浅红色，表面粗糙，由砾岩和粗砂岩互层构成。基部直径约8m，上部直径约4m，高约28.5m。石柱的形成是由于该处构造裂隙发育，在裂隙交汇处形成了石柱的雏形。特定的外力地质作用使石柱沿裂隙剥蚀、崩塌，最终成型。

额日布盖峡谷

额日布盖峡谷位于阿拉善右旗额日布盖东南约10km的红敦子山内，距旗政府所在地53km，属于丹霞作用为主的地貌。峡谷由北向南呈“人”字形构造，长约5km。谷壁陡峭险峻，高达数十米，最高处达七八十米，其上遍布风蚀龛，十分壮观。峡谷两侧各有一道石墙，相传为古战场遗迹。峡谷东5km处的文字塔巨崖高达100多米，十分险峻，底有一巨大石蛙，张口向天。峡谷深处悬崖陡壁上有一凸起的山石，酷似昂首问天的“龙头”，龙角向上，龙须向下，形态逼真。山内峡谷纵横交错，绵延数十千米。

峡谷壁上的涡穴

峡谷由沉积型红褐色砂砾岩构成，时代为晚白垩纪，历经风雨侵蚀、冲刷，悬崖壁上布满了大大小小的洞穴，形似蜂巢，尽显沧桑之壮美。

额日布盖峡谷

风蚀龛

海森楚鲁风蚀地貌

海森楚鲁位于阿拉善右旗西北部的努日盖苏木境内，出露形状奇特的花岗岩风蚀地貌，面积约数十平方千米。海森楚鲁为蒙古语，意为“像锅一样的山石”。与通常见到的、广泛分布的花岗岩球形风化地貌不同，该处花岗岩岩体表面千“窗”百孔，形如蜂巢，状如巨龛，数量众多，大小参差，形态各异。有的高达数米，有的仅如蜂巢大小，有的气势磅礴如流云翻浪，有的精致玲珑似百兽飞禽，伟硕岩体已被掏蚀得薄如蛋壳。花岗岩体绵延分布近百里，行于其间，一步一景，变幻莫测，令人兴致盎然。置身于嶙峋怪石之中，不由得令人深深地感受到大自然造化的魅力。

海森楚鲁风蚀地貌

额济纳戈壁

戈壁是蒙古语，即砾质荒漠，古称“瀚海”，意为“难以生长草木的土地”。广义地说，戈壁属于沙漠中的一类。额济纳地区的戈壁主要分布在额济纳旗的中部，尤其在马鬃山以东，额济纳河以西地带最显著，多为“黑戈壁”。地表碎石累累，多具有明显的棱角和油黑发光的漆皮，称之为“荒漠漆”。阿拉善盟境内戈壁浩瀚，面积为9.1万km^2，而仅额济纳旗的戈壁就有6.48万km^2，占全旗总面积的50%以上。戈壁与沙漠相伴而生，情同手足，大风是分散它们的罪魁祸首。风带走了地面的泥沙，使大地裸露出斑驳的岩石外壳，或者仅仅剩下些散碎的砾石，成为荒凉的戈壁。那些被吹跑的沙粒在遇到阻拦或风力减弱时，掩盖在地面上，形成许多相连的沙丘，望过去好似波浪起伏的大海。同时，戈壁还是制造沙子的根源，在极度干燥和昼夜温差巨大的条件下，岩石风化成砾石，砾石又风化成大大小小的沙料，风再将沙吹跑，沙漠便不断地扩张延伸。

戈壁

古城遗址

居延的守望者——黑城

黑城遗址位于黑河（古弱水河）东岸，坐落在一片戈壁砾石之上。距达来呼布镇36km，是河西走廊保存最完好的古城。古城东西长470m，南北宽384m，总面积18.05万m^2。黑城始建于西夏，元代曾扩建。所有建筑全部是用土坯砌起来的，四四方方的城墙西北角建有几座覆钵式塔，塔高12m，是黑城的独特标志。西南角一座穹庐式顶、壁龛样式的清真寺完整地矗立于荒野。这里濒临巴丹吉林沙漠，气

候极度干燥又极其恶劣，城郭早已被风沙所吞噬。站在城墙顶部从上向下看，环城是一派荒芜的沙丘，城南脚下隐约有一条干涸的河道。城内建筑群落布局井然，以高台庙宇为中心，十字形主街道向四方纵横延伸。

黑城的历史要上溯到公元1038年，党项人建立西夏政权，“黑山威福军司”辖管额济纳，驻地就是黑城（黑水城）。在西汉时期，黑城是居延地区的重要组成部分。1372年，明初大将军冯胜西征，黑城破守。然而朝廷无暇北顾，旋即放弃此城，黑城从此失去了它的政治职能，加之城外水道干涸，居民相继迁移，古城荒废。如今，它和著名的楼兰古城一样，充满悬念和神秘。茫茫的大漠中，这几座孤零零的建筑似乎在向世人昭示着它们曾经拥有的辉煌。

黑城

漫漫黄沙难掩曾经的辉煌

八卦城——红城

红城的蒙古语名为“乌兰德日布井”，位于阿拉善盟额济纳旗达来呼布镇南约22.5km处，东北距黑城14km，系居延塞的一座城障。红城建于汉武帝太初三年（公元前102年），为汉代张掖郡居延都尉府所辖障塞，废弃于东汉，是汉代居延遗址中规模大而保存完好的障塞遗址之一。红城遗址所在的地势要稍高于周围的戈壁滩，遗址呈正方形，面积529m^2，门向南。上下均以土坯砌筑，每隔三层夹一层芦苇。障门位于南墙东角，并筑有宽3.3m的矮城堞。整座遗址远看很像一座正方形的迷宫，只在一个角落留了个入口，墙高不足10m，墙基却有四五米厚，长和宽均在20m左右。站在红城上远望，周围陪伴它的是一片戈壁，仅在城外西南有一组烽燧呈直线延伸远去。让人困惑的是，整座城只有一个入口，这样虽然易守，却也难逃。原来，汉代时期的人崇尚周易八卦，许多的建筑都是按照八卦形式建设的。按照周易学说，此类型可以形成有利于驻军的风水。

红城的建筑就像一幅内八卦图，也许真是风水所致，经近2000年的风霜雪雨，至今依然保持着它的痕迹。遥想当年，这里是浩瀚草原，汉武帝派遣大将卫青、霍去病在这一带抗击匈奴，何等豪壮威武。而今，矗立在这里的红城恰恰是历史余威的写照。

历史的痕迹——绿城

绿城遗址坐落于额济纳旗达来呼布镇东南约45km的一片荒漠地带，距离黑城约15km。绿城为一座大型复合型遗址，是迄今在额济纳旗境内发现的西夏时代建筑群落最为集中的一处。绿城的称谓据说是因为城址外有一片规模很大的庙宇群落，都是绿色琉璃建筑而得名。黑河改道，绿城废弃，遂成了戈壁里的传奇。城址平面略呈方形，周长1205m，城垣夯土片筑，夯厚11~14cm，墙基残宽3.5m，残高2m许。北城垣东部置门，有瓮城。城内文化层可分为上、下两层。有的学者认为，上层为西夏元代层，而下层，从其出土的灰陶片、砖瓦碎块及绳纹、旋纹、水波纹、垂幢纹及素陶片等来看，似为汉晋时期遗存，可能是汉代居延县城遗址。在绿城周围10km范围内，还分布有城池、民居、庙宇、佛塔、土堡、瓷窑、墓葬群、屯田区和军事防御设施等遗迹，有400处之多。因此，绿城成了考古学家的天堂。

久远的映射——曼德拉山岩画

阿拉善曼德拉山岩画分布于阿拉善右旗的巴丹吉林沙漠东部，与额济纳旗和河西走廊相接。曼德拉山岩画分布十分密集，$18km^2$范围内就有4234幅。古代岩画雕刻在基性岩脉上，岩石呈灰黑色，表面光滑。岩画雕刻精湛，图案逼真，年代可上溯到原始社会晚期和元、明、清各代，真实而生动地反映了北方生态环境的变化和不同时代游牧民族的生活情景。据考证，这里的岩画有近万年的历史。这些岩画因为时代延续长、数量多、内容丰富，成为世界岩画宝库中的稀世珍宝，被誉为美术界的“活化石”。

曼德拉山岩画有三个独特之处：第一，题材多样。除了主要的狩猎，还有放牧、舞蹈、交战，甚至家庭生活的场景。第二，起始年代早。岩画的创作年代历经旧石器时代、新石器时代、青铜时代、铁器时代，一直到清代；作画的民族则包括羌、匈奴、柔然、突厥、回鹘和蒙古族。第三，画面小，图像小，图形密集。除极少数早期岩画画面较大之外，绝大多数都刻在石面较小的石块上。此外，曼德拉山岩画的刻描方法比较多样，包括凿刻、磨刻和线条刻，这在国内岩画中也比较少见。

近年来，曼德拉山岩画受到了前所未有的破坏。曼德拉山岩画始终处在长期风化、日晒、雨淋的自然环境下，石面剥蚀和脱落现象很严重。另一方面，在岩画上乱刻乱画，甚至偷盗的现象也很严重。因此，除了惊叹远古先民创作曼德拉山岩画的伟大艺术构思之外，更应该用实际行动去保护人类文明进步的宝贵遗产。

岩石上的游牧民族

王权的中心——王爷府

阿拉善王府位于阿拉善左旗巴彦浩特镇城北，为阿拉善历代旗王的官署和居住地。总建筑面积2950m^2。王府建筑群曾在历史上显赫有名，现已开发为占地6km^{2}的王陵公园供游人游览。阿拉善王府每部分由若干个明清建筑风格的四合院组成，相互融会贯通，画栋雕梁、古雅精致。整个建筑群落为典型的北京四合院式建筑群体和颐和园园林风格，故有“小北京”之称。

额济纳旗王爷府是一个小四合院，曾经是额济纳旗的政治中心，居住过额济纳最高的统治者。300年前，阿拉布珠尔带领土尔扈特人从伏尔加河畔辗转千里，回归祖国。至今，额济纳历任12位王爷。王爷府外的小广场中间，耸立着土尔扈特人回归300年的纪念碑。

佛教和寺庙

藏传佛教在阿拉善地区，盛行近两个半世纪。其主要寺庙有：

沙漠故宫——巴丹吉林庙

巴丹吉林庙是巴丹吉林沙漠腹地唯一的寺庙。因为有庙，所以当地人把这个沙漠绿洲称为“苏敏吉林”，汉语的意思是“有庙的海子”，简称“庙海子”。也是我国唯一坐落于沙漠腹地的佛教寺院。

巴丹吉林庙坐北朝南，外有半人高的围墙，墙外西侧矗立着一座白塔，与庙遥相呼应。寺庙总占地面积约$3826.4m^2$。庙室分上下2层，呈楼阁式。四角形的角楼，重檐山顶，正面有2扇小窗，两侧各有4扇小窗。四周的墙壁上绘满了佛教题材的壁画。寺庙建筑气势雄伟、庄重肃穆、典雅美观，有“沙漠故宫”之称。

巴丹吉林庙始建于1755年，已有200多年历史。据说，当初建庙用的一砖一瓦一木，全是虔诚的信徒用骆驼从几百里之外搬运而来的。巴丹吉林庙鼎盛时期曾有过60多个喇嘛。

巴丹吉林庙四面沙山环绕，几百年来竟未被大漠所湮没。这是因为庙周围的沙山基本都是固定的，即使起风沙，由于风向的原因，流沙都顺着沙梁走了。巴丹吉林庙虽然地处偏远，周边地区人烟稀少，但这里常年香烟缭绕，每年有许多信佛的人不怕路远艰险，慕名前来进香，其中不乏外国游客，是沙漠深处人们信仰的寄托。巴丹吉林庙主要佛事活动包括每年正月初七至十五的祈愿法会、每年六月初七至十六举行的玛尼会、十月二十一日举行的展灯法会等。

古刹梵音——南寺

南寺又称广宗寺，藏文称作“噶丹吉林”，汉文意为“兜率广宗洲”，位于阿拉善左旗境内贺兰山主峰巴彦笋布尔西北侧一个群山环抱的宽阔地带，地势高低错落，面积约 $9.4km^2$。寺内珍藏了大量稀有的佛像、佛经和佛教文物、艺术品等。

南寺是六世达赖的寺院，寺中供奉着六世达赖的灵塔，因此，虔诚的信徒不远千里也要前往朝拜。南寺拥有藏区大寺院必须具备的四大札仓，即学习和修持不同佛经内容的四个学院式僧院。它们是法相僧院（藏语称参尼札仓），密宗僧院，也称续部僧院（阿格巴札仓或卓德巴札仓），时轮僧院（栋科尔札仓），医药僧院（芒巴札仓）。翠绿的山林、险峻的峰谷、广阔的草原、神圣的佛刹，构成了一幅幽静、清新、圣洁的自然画面。

佛门朝觐圣地

阿拉善第一大寺

雄伟的大殿

古刹梵音——北寺

北寺又称福音寺，藏语名“格图布楞”，坐落于贺兰山西侧北端群山之山谷中，为阿拉善八大寺之一。北寺是阿拉善王之子在皈依六世班禅后创建的，原名“准黑德”，建于清嘉庆九年(公元1804年)，占地面积0.3km^2。北寺现有大小庙宇15座，全寺建筑物百余座，亭、堂、殿、阁一应俱全。主庙旁置有白塔，高10m，两者遥遥相对，交相辉映。寺内还建有集语言学家、宗教哲学家、文学理论家于一身的阿旺丹德尔的纪念塔和纪念碑。几百年来，福音寺虽然历尽磨难，遭受了人为和自然的劫难，但现在仍有百年古刹之风采。寺周围丘陵起伏，山泉回绕，松柏常青，草木繁茂，鸟语花香，景色迷人。畅游其中，犹如置身于世外桃源。

天、山、寺融为一体

福地洞天

王爷庙——延福寺

延福寺位于阿拉善左旗巴彦浩特镇王府街繁华地带，是阿拉善地区最早建成的寺庙建筑。寺庙古朴、典雅，藏语名为“格吉楞”。该寺为阿拉善三大寺院系统和八大寺之一，始建于雍正九年（公元1731年），在“十六罗汉堂”的基础上加以扩建。时年清政府正式将定远营赠送给阿拉善和罗理之子阿宝，作为“王府”之用，故此称作为“王府庙”，也称之为“王爷庙”。1760年，乾隆皇帝为该寺赐名，并亲书“延福寺”匾额。

延福寺整个建筑布局整齐、结构玲珑、工艺精巧、形式多样，建有大经堂、菩萨殿、四大天王殿、转经楼、如来殿、阿拉善神殿、药师殿、密宗殿、钟楼、鼓楼等大小殿楼十多座，共282间，占地面积6700多m^2。其中以藏汉结合式的大经堂为典范，可谓是多民族建筑文化的杰作。1919年前后为鼎盛时期，喇嘛达500人。内有乾隆五十五年（公元1790年）所铸大钟一个，其钟声洪亮悦耳，每击一下，整个巴彦浩特余音缭绕。

参禅悟道

土尔扈特文化

土尔扈特，指的是额济纳土尔扈特蒙古部族，渊源于中国西北卫拉特四部之一，是客列亦惕部落首领王罕后裔。

土尔扈特语言文字

额济纳蒙古语属阿尔泰语，系蒙古语的额济纳土尔扈特蒙古土语。文字的形体通行内蒙古的回鹘蒙文。额济纳旗蒙古族人民无论是在日常生活还是在涉外交往中，均以自己的语言文字作为交际工具。至今，在全旗性的较大型会议上或是发至各苏木、嘎查的文件中，均以蒙古语文和汉语文并行。他们以自己的睿智，代代相传地保留着独具一格的额济纳土尔扈特蒙古土语。

特色装饰

土尔扈特蒙古族的一般束带装饰是：男子左右两侧均系银质环佩，右环悬刀，左环佩挂火镰和烟袋套，前襟左腰间别褡裢(装鼻烟壶)，烟袋锅视其长短别在腰间或插在靴筒内。妇女多在两耳或腕、指上佩戴银质耳环、手镯、戒指，再在袍子腋下的台毕查(一种修饰)上各系一个银制环佩，右拴合特布其(鼻烟壶)，左挂浩布勒(针线包)。

草原上的温馨小屋

天幕式的居所

蒙古包是一种天幕式的蒙古民族居住场所，是一种适应草原游牧生活的活动房屋。通常由木架、毛毡两大部分组成，外形呈圆平尖顶。木架部分又分壁围(哈那)、撑杆(乌尼)、天窗(陶高努)、门(屋德)四部分。毛毡部分由围毡(图日嘎)、地毡(哈亚布其)、顶毡(德布日)、窗毡(鄂如和)、门毡(屋登敖日胡勒)五部分组成。蒙古包的大小由壁围的高矮多少而定，多、高则大，少、矮则小。一般有4、5、6、8、10、12叶壁围，每叶17根杆头(即壁围两杆交叉处顶1根撑杆)撑起木架，外围毛毡，一般门朝东南方向搭起。蒙古包顶端开有窗口，也称天窗，可以通风和采光。

民间礼仪

额济纳蒙古族在日常生活中，如路遇长者、亲友、熟人或逢年过节、走访亲友均有注重礼节的传统。在民间还流传着“宁可折骨也不能失礼”的古训。

问候　来客互相问好。如路遇长辈，若是乘马骑驼，须先下马(驼)后再向长辈请安，以示尊敬。晚辈在长辈面前说话和气，以尊称呼之，不直呼其名。入蒙古包后，先向主人请安，问全家平安、牲畜兴旺、牧草丰美之后再说明来意。

待客 额济纳牧民虽深居草原、戈壁，却具有热情好客的民风。只要有客临门，主人不管是否相识、远近，也不问与家人有什么关系或来自何方，即使是陌生人也均以礼相待，献上酥油、奶皮、奶酪及油炸的方便食品和茶水，以“谁能负锅行路，待客饮食，自属应尽义务，何得需所”之遗俗待客。

献哈达 额济纳蒙古族迎送宾客、馈赠礼品、相互拜年时常行礼仪之一。如托起哈达献向贵宾、长辈，敬献者向前弯腰，将哈达折口对准客人，双手伸平捧哈达过头(以示尊敬、否则为失礼)敬给；平辈人之间互赠时，双手平举捧哈达递向对方；长辈对晚辈行祝时，一般将哈达披搭项肩，有时也将哈达披其他礼品之上一并托起赠给。为渲染献哈达的气氛，有时还吟唱吉祥如意的赞祝歌。

道声问候，送上祝福

敬鼻烟壶 额济纳蒙古族有相互敬鼻烟壶的传统习俗。互敬鼻烟壶时的特殊礼节是：若是双方同辈，用右手心托鼻烟壶互相交换，倒出少许烟末于手心，再用手指蘸烟末送至鼻孔吸闻后，相互归还烟壶；若是对长辈，则先请其入座，晚辈屈身，双手捧鼻烟壶敬之；小辈则不嗅鼻烟；女子要先把鼻烟壶举到自己前额轻轻一碰，向前躬身，将烟壶盖打开一半，以左手扶壶，右手托起递给长者。鼻烟壶精致美观，小巧玲珑，携带方便，一壶在手，令人百看不厌。它是额济纳蒙古族男子穿蒙古袍、束腰带时不可缺少的一种特殊装饰。

传统活动

“乌嘎拉嘎”仪式

“乌嘎拉嘎”(汉语为“洗三”之意)是额济纳旗蒙古族群众在婴儿出生第四天时所举行的人生第一件喜庆(即洗澡、睡摇篮)仪式。由奶奶或守生婆用加少许食盐的温水给婴儿洗头遍澡，祝愿孩子像松柏一样坚强，在人生的旅途中岁岁平安，长命百岁。

“达和”仪式

额济纳蒙古族群众普遍有为子女(男三周岁、女四周岁)如期举行“达和”(汉语译为剪胎发)的习俗。举行“达和”仪式一般是选定在风和日丽、畜肥草美的金秋季节。

敖包祭祀

敖包系用石块堆积的圆形物或者用树枝、梭梭（扎干）在沙滩高处堆成堆。在敖包正中插一木杆，上悬经文旗幡。敖包最早是人们用来在浩瀚沙漠、戈壁中识别方向的标志，同时人们也用这种方式来表达对家乡的纯朴感情。后来，随着藏传佛教在蒙古族群众中的广泛传播，敖包也蒙上了一层神秘色彩，逐渐有了祭祀敖包的习俗。祭敖包的含义最初为祭天地、山川、水草之神，后来演变成祭祀家乡的标志，以后又成为牧民群众集会、游艺、祈祷风调雨顺、迎盼丰收的活动场所。

阿拉善蒙古族传统的祭祀礼仪中，最为隆重的是祭敖包活动。很早以前，蒙古族的祖先在打仗出征前要祭敖包，在敖包上献上酥油、鲜奶等最珍贵的物品，以祈祷能打胜仗，马到成功。

祭敖包的时间一般为每年农历的五、六月份牧草返青时节，有的为春秋雨季。祭敖包时，王公、喇嘛、黎民都要参加。祭祀仪式结束后，开始进行射箭、摔跤、赛马、民族棋类等比赛娱乐活动。大家像过年一样高兴，男子尽情喝酒，女子则唱起民歌助兴。

永远的精神寄托

和硕特文化

阿拉善和硕特蒙古族，造就了一段独特的文化。这段文化伴随着阿拉善和硕特蒙古族，走过300多年史诗般的岁月。这一文化是祖国文化宝库中一颗璀璨的明珠。

和硕特部的起源与演变

关于“和硕特”的称谓及其含义，国内外学者有不同的解释。俄国史学家帕拉斯认为，和硕特来源于汉语“河州”。伯希和认为，应该把和硕特看作“鸟啄”的复数，它具有一部分军队（突厥语）的意思，与蒙古语“旗”相符。国内一些学者认为，“和硕特”的词根为突厥语，汉译即“每两个中的一个”和“元代由各部抽出一部分组合而成的火邪温”。

和硕特是我国卫拉特蒙古四部落之一，有着古老悠久的历史，在众多蒙古部落中是一支十分活跃的群体。阿拉善和硕特是元太祖成吉思汗胞弟哈布图哈萨尔的后裔。和硕特蒙古族的祖先在蒙古高原北部及贝加尔湖西南、我国北方额尔古纳河下游和海拉尔河下游呼伦贝尔及科尔沁草原等广大的森林地带，同其他蒙古部落一起游牧生活。1667年，和硕特部首领和罗理率其家族及部众数千户从新疆东移，经康熙皇帝特准，迁徙到阿拉善草原。1686年，清廷划贺兰山以西地区为和硕特牧地，1697年又按蒙古49旗之例，将和硕特部编为阿拉善和硕特旗。

文字与文学

在社会历史的发展进程中，和硕特蒙古人逐步形成了自己的方言和文字。其语言称为托忒语。托忒文是1648年和硕特人咱雅班第达在回鹘蒙文的基础上创造的，它至今还为新疆等地蒙古人所用。

卫拉特人有丰富的民间文学著作。《江格尔》是一部长篇英雄史诗，它从流传到定型经历了一个漫长的历史过程，有些片断产生于12世纪森林狩猎时代，而大部分情节则反映其先民移居到阿尔泰山和额尔齐斯河流域后的故事。《江格尔》以托忒蒙文写定，经今人整理的有十三章本和十五章本。19世纪中叶以后，这部史诗陆续被译成俄、德、日等多种文字，引起世界各国的注意，被列为世界著名史诗之一。《江格尔》不仅代表了远古蒙古族文学的最高成就，具有很高的文学价值和珍贵的史学价值，而且在研究远古蒙古族的哲学思想、宗教信仰、伦理道德、风俗习惯等方面都具有不可忽视的作用。

《乌巴什洪台吉》以喀尔喀和卫拉特的一次战争为题材，结合民间传说，加以虚构，是一部现实主义力作，开创了蒙古族短篇小说创作的先河。《乌巴什洪台吉》在艺术上继承传统的民族文学形式，中间穿插大段诗行，语言凝练、流畅、朗朗上口，具有散文诗的韵味。

卫拉特人在法学方面也有重要贡献。1640年于塔尔巴哈台会盟时产生的《蒙古卫拉特法典》，是继成吉思汗大扎撒之后产生的一部重要蒙古法典。它与尔后出现的《喀尔喀法典》、清朝《理藩院则例》一起被誉为蒙古法三大文献。

民歌

阿拉善和硕特定居贺兰山北麓已有数百年的历史，而阿拉善民歌的历史却更悠久、更遥远。在阿拉善和硕特蒙古族群众中，无论是宴饮、嫁娶的场合，还是两三人相逢，抑或是一人独处，随时都会唱起这种声调悠长的民歌。

阿拉善民歌比较完整地保留着蒙古民歌五声调式风格，也有六声和七声调式，但数量甚少。凡阿拉善长调民歌，不仅有较长篇幅，而且气息宽广，情感深厚，在持续的长音上有类似马头琴演奏式的气魄和历史沧桑感，既有别于东部蒙古族民歌的短促明快，又有别于鄂尔多斯民歌的舒缓、诙谐，而以自己特有的深沉、开阔独树一帜。现在人们广为传唱的《富饶辽阔的阿拉善》、《阿拉善敬酒歌》、《永恒的幸福》、《辞行歌》、《嫁女歌》等，就是阿拉善民歌中的精品和代表作。

江格尔说唱

《江格尔》说唱产生于卫拉特蒙古部落，是由民间艺人江格尔奇（演唱《江格尔》的民间艺人，蒙古语称作江格尔奇）抒情吟唱的长篇英雄史诗，数百年来一直萦绕在蒙古族人民的耳畔，至今还活跃在民间，成为家喻户晓的英雄史诗。

江格尔奇同《江格尔》一样，产生在卫拉特蒙古人中，随着《江格尔》的流传而世代传承。目前，国内外搜集到的60余章《江格尔》，都是靠江格尔奇们创作、记忆、演唱，一个世纪又一个世纪流传下来的。学术界对《江格尔》的研究已经取得了相当大的成就并且还在继续，《江格尔》这一民族文化瑰宝将会放射出更灿烂的光辉。

六世达赖仓央嘉措

和硕特藏传佛教

藏传佛教传入阿拉善已有300多年的历史，六世达赖仓央嘉措在阿拉善的弘法利生传奇，更是为这片土地平添了几份神秘与扑朔迷离。藏传佛教与阿拉善有着源远流长的历史关系。六世达赖仓央嘉措曾在阿拉善弘扬佛法，传播佛教，并指点高徒建立南寺。从此，阿拉善地区和藏传佛教结下了不解之缘，认定藏传佛教为阿拉善蒙古族的宗教。据史料记载，清同治年间，阿拉善地区佛教兴盛，僧侣人数超过6400名。在新中国成立前，阿拉善地区喇嘛人数占当时总人口的13%。在朝廷的扶持下，阿拉善旗建造了40座召庙，其中著名的八大寺中除了方等寺，另外七座寺庙——延福寺、广宗寺、福因寺、承庆寺、昭化寺、妙华寺和宗乘寺均在阿拉善左旗境内。延福寺、广宗寺、福因寺等大寺庙均有清帝御赐的满、藏、蒙、汉四种文字书写的金字匾额，建筑风格是藏传佛教建筑特色，工艺精巧，布局整齐，古色古香，金碧辉煌，不仅是内蒙古西部藏传佛教名刹，更是享誉中外的宗教文化胜地，吸引了众多的朝拜者和旅游观光者。

传统活动

沙力搏尔式摔跤

沙力搏尔式摔跤是阿拉善和硕特蒙古族所独创并保留至今的一项民族传统体育运动项目，也是阿拉善古老的“乌日斯”盛会和现代那达慕大会中体育比赛的主要项目之一。沙力搏尔式摔跤不受场地、服装的限制，随地可以进行，平时歇息闲暇，人们自然地围成一圈，双方各出一人互搏，依次进行比赛。历史上，阿拉善地区曾涌现出搏克夏力宾、毛呼赖等蜚声国内跤坛的摔跤手。中华人民共和国成立后，阿拉善沙力搏尔式摔跤在国家各级政府部门的重视下，经过广大体育工作者和运动员的挖掘整理，列为旗、盟、自治区那达慕大会和少数民族运动会的比赛和表演项目。

乘马射箭

阿拉善地区民族传统体育内容丰富，形式多样，其中“乘马射箭”是独具地方民族特色的传统体育项目之一，并被列为阿拉善“乌日斯”好汉三艺之一。

“乌日斯”那达幕

那达幕，蒙古语为“娱乐”或“游戏”之意，是蒙古族传统的群众性集会。阿拉善的那达慕历史悠久,历史上称为“乌日斯”。

在内蒙古西北部，“那达慕”盛会要视年景而定，年景好时，就要举办“那达慕”盛会。以男子三艺为主要比赛内容，辅之以其他丰富多彩的文化娱乐活动。每当举行那达慕大会之际，整个草原热闹非凡，牧民们身着艳丽的服装，骑着马驼，坐着勒勒车，从四面八方汇集而来。那达慕成为展示勇敢者风采的竞技场：5000m速度赛马、6000m速度赛驼、3000m走马赛、搏克、沙力博尔式摔跤、摩托车障碍赛、乘马射箭等项目，个个精彩。参加那达慕大会的牧民们，在草地上搭起毡帐，熬茶煮肉，或观赏“三项竞技”，或采购货物，或摆摊买卖，或交流致富信息和学习科技知识。入夜，篝火晚会精彩的文艺演出将整个那达慕带入一个狂欢的高潮。

神舟升起的地方
——东风航天城

酒泉卫星发射中心——火箭发射

航天英雄杨立伟

在巴丹吉林沙漠腹地，黑河（古弱水河）畔，有一个世人罕知的小城镇，连现今的地图上也未对此做任何标记。然而这个小城镇却是世界三大航天中心之一的东风航天城。当我们国家第一个导弹升空时，当杨立伟带着中国人民的骄傲巡天归来时，当费俊龙、聂海胜乘“神六”准确进入轨道时……中国航天史上的11个第一在阿拉善诞生了，中华民族千百年来的“飞天梦想”在阿拉善实现了。

烈士陵园

航天城东北4km，是东风革命烈士陵园所在地。这里是酒泉卫星发射中心科技人员和官兵们心中永远的圣地。三棱形的纪念碑前，埋放着聂荣臻元帅的骨灰。元帅的身后，是672座墓冢。从元帅到士兵，数十列肃穆的军阵，向东南方向10km处的发射场投去永恒的目光。其中，52名发射中心官兵把生命永远地留在了这里。

对外交流的窗口
——策克口岸

策克口岸位于内蒙古额济纳旗境内，在新疆老爷庙口岸与内蒙古甘其毛道口岸的中间地带，辐射境外五省和境内三省。策克口岸距达来呼布镇76km，与蒙古国西伯库伦口岸相对应。1992年，经内蒙古自治区人民政府批准，开通为季节性二类陆路口岸。2004年9月1日，口岸正式开通，成为与蒙古国贸易交流的重要陆路通道。

策克口岸是内蒙古西部一个重要的国家级季节性边境口岸，也是内蒙古阿拉善盟以及甘肃河西地区唯一的出境通道。2005年开始，成为常年开放的一类口岸。来自内蒙古自治区中部、东部甚至宁夏、甘肃、河北等地的商人，将日用品及各种货物与蒙古国的商人和牧民运来的毛皮进行交易，策克一时之间成为一个大集贸市场。

阿拉善节庆文化活动

巴丹吉林沙漠旅游节

阿拉善右旗，拥有以“奇峰、鸣沙、神泉、湖泊、寺庙”五绝闻名于世的巴丹吉林沙漠、“中国西北古代艺术画廊”曼德拉山岩画、怪石王国的海森楚鲁、丹霞地貌的额日布盖峡谷等奇异绝伦的自然风光和人文景观。特别是巴丹吉林沙漠，更是被国内外专家和游人赞誉为极品旅游资源，先后被评为中国“最美丽的沙漠”、“最值得外国游客去的50个地方之一”、“最具有探险旅游价值的30个地方之一”。

2005年9月15~29日，阿拉善右旗举办了首届巴丹吉林沙漠文

化旅游节。之后，每年9月份都会有盛大的沙漠旅游节在此举行。

沙漠节期间，开展传统竞技体育、民族歌舞表演、攀登“沙漠珠峰”、“千峰驼铃游”、曼德拉山岩画人文历史探秘、海森楚鲁怪石王国观赏摄影、经贸洽谈会等活动。

阿拉善双峰驼节

阿拉善双峰驼是阿拉善的骄傲，也是戈壁牧民赖以生存的生活生产资料。阿拉善双峰驼在1982年曾达到25万峰，占全国双峰驼总数的三分之一。近年来，由于受自然环境和市场机制的双重影响，全盟双峰驼数量急剧下降。为保护阿拉善双峰驼品种资源，阿拉善左旗把每奇数年的11月10日定为“阿拉善双峰驼节”，把赛驼、种公驼评比定为骆驼节的主要内容，以期引起国家有关部门和国内外有识之士的关注。

骆驼节的举办是在全旗范围内以苏木、嘎查为单位，期间会进行骆驼接力赛、驼运大赛、“金驼大奖赛”骆驼选美、特级种驼驼群评选、骟驼表演赛、骆驼技能技巧、挤驼奶表演赛以及骆驼文化诗歌大赛等比赛项目。

骆驼表演赛

额济纳旗金秋胡杨国际生态旅游节

胡杨以“生千年而不死，死千年而不倒，倒千年而不朽”的傲骨风貌成为一代代阿拉善人精神、气节、人格的象征。胡杨一直是摄影、文学和美术爱好者喜欢的题材，同时，它也是西部自然风貌、西部人民性格的体现，是让我们赞不完，颂不尽的“胡杨林”的不死精神和沙漠中最昂然的美丽。

自2000年10月“首届额济纳旗金秋胡杨国际生态旅游节”举行以来，2003年胡杨节升级为自治区级节庆活动，当年又升级为国际旅游节，被国家纳入“中国百姓生活游”活动之一。胡杨旅游节每年都能吸引来自美国、澳大利亚、德国等近20个国家以及国内各省区的20多万游客和摄影爱好者前来参加。

旅游节期间，举行赛马、赛驼、搏克以及各种棋类比赛，还有祭敖包、文艺演出、摄影展、农畜产品展销、经贸洽谈会等内容丰富的各种活动。

阿拉善奇石文化旅游节

阿拉善荒漠中盛产奇石。从奇石质地可划分为玉石、玛瑙石、风蚀石、水晶石四大类；从形态上分为象形石、景观石、化石三种。无论哪种质地或形态，都是大自然的杰作。

阿拉善左旗党委、政府，自2005年起，每年举办“阿拉善奇石文化旅游节”，以奇石为载体，向广大游客展示阿拉善独特的旅游资源、悠久的历史文化和浓郁的民族风情。

沙海遨游指南

玩什么

如果你想放松徒步，可以在沙丘间蜿蜒行走；也可以坐沙地赛车、越野吉普等享受惊险刺激；还可以玩滑翔伞，在空中俯瞰整个沙漠。此外，沙漠滑板、沙漠突击桥、沙漠冲浪、滑沙橇、乘驼、摄影创作、打靶、垂钓、划橡皮艇、坐气垫、沙浴、乘热气球等活动更是情趣别致，意味悠长。

如果你想跟沙子更近距离接触的话，最好的办法就是滑沙了。坐在木橇上，从坡顶上顺势直下，沙从指缝滑过，风声在耳际掠过，感受俯冲向大地的刺激。最重要的是，听沙粒作响的声音，轻者似乐队低奏、如歌如泣、重者似万马奔腾、喧嚣震天，更让你感到沙漠中的无限乐趣。

根据不同年龄段、不同体质，设计有不同的沙漠旅游项目供游客选择。无论你是追求刺激的年轻人，还是享受安逸生活的银发一族，来到这里都会让你满载而归。

动力三角翼

沙漠卡丁车

沙漠越野吉普车

滑翔伞

沙海冲浪

辽阔的大漠、起伏的沙丘、平滑的曲线，每每让人产生一种冲动，那就是驾着车在沙海中驰骋，享受在无边际的大漠中纵情的乐趣。乘四驱车冲上高大的巴丹吉林沙山，绝对惊险刺激！抑或骑上号称“沙漠之舟”的骆驼翻沙越谷，各种情趣妙不可言！

进入巴丹吉林沙漠，吉普车如沙海波峰浪谷中翻腾的一叶小舟，时而冲上浪尖般的沙峰，时而又被抛向波谷似的沙坑；车手像一个矫健的骑手，娴熟地驾驭着胯下的坐骑，像一个飞机驾驶员，精湛地完成着特技飞行。沙中行车仅靠驾驶技术是远远不够的，更多的是靠对沙子地形的了解和掌握沙子中行车的特点。沙子里没有路，就连前面的车辙也会很快被风吹起的沙子覆盖。上坡的艰难和下坡的风险无时不在，稍事犹豫，轻则陷入沙子，重则倾覆。司机在选择路线时完全凭借瞬间的感觉，而这个感觉来源于对沙子习性的深刻了解。看车手驾车是一种享受，准确的判断、娴熟的技术，总能在沙海中选出一条最适合的路，即使地形再复杂也不在话下。

站在沙漠上，视野所及，满是纯净的金黄色，跌宕起伏、无边无垠、变幻莫测、蔚为壮观，也许只有身临其境者才会生发出面对沙漠时才有的辽远、豁达的感觉吧。

乘坐沙漠之舟

骑骆驼漫游腾格里不仅气象万千，而且别有情趣。在叮咚作响的驼铃声中，目睹驼队在金色的大漠中穿梭，清脆的铃声伴着大漠的风声，让人的精神一直处于亢奋状态，旅途的疲劳已经被抛到了脑后。爬到这驯顺的牲畜背上，双手把住它硕大的、高高隆起的驼峰，在叮咚的驼铃声中，任身体随着骆驼跋步的节奏摇动着，优哉游哉，无疑也是一种美的享受。没骑过骆驼的人，刚开始有点紧张，但不用多久便会渐渐地轻松自如起来，继而成为骑驼老手，或骑或坐，或干脆横跨在宽大柔软的驼背上闭目养神，甚至打盹睡觉，这有多么惬意！难怪有的游客说："在驼背上摇来晃去，是一种仙境般的体验，令人回味不已。谁不贪恋这前仰后合，情趣横生的骑驼旅行啊？"

提示：骑驼时，要防止骆驼站起来和卧倒时将人甩下，在这时要抱紧驼鞍或驼峰。平时不要靠近骆驼的后脚和头部，以防它踢人和用嘴喷人。骆驼虽然温顺，但受惊后却很危险，要防止突然的响声（如突然的喊叫）和刺目的颜色（如突然打开色彩艳丽的自动伞）刺激骆驼。长途骑驼不要绷劲，要顺着骆驼的步伐自然骑坐，随时调整坐姿，并适时下来步行一段。

大漠探秘

柔美的沙脊线条、红灿灿的晚霞、宁静的夜空、浩瀚的星光、叮当的驼铃声，关于沙漠的一切影像不断冲击着大脑，去沙漠探险，去感受勇者的风范吧。

走在高大沙山上，心里总会生发出些许征服后的自豪感和满足感。坐在沙山脊，任凭流沙载着自己恣意地下滑，那种飘忽忽的感觉就如同在太空行走般好不惬意，耳畔还回响着响沙的轰鸣声，十几米高的沙山就这样被抛在了身后。令人欣慰的是，旅途中总会有一些惊奇刺激着你忘却艰辛。就在你产生视觉疲劳之际，翻过沙山也许呈现在眼前的景象会让你一惊——清澄的湖水倒映着湖岸翠绿的树木——于是，顾不上脚下的火热，纵身投入到绿洲的怀抱中。

提示：中国科学探险协会在沙漠腹地诺日图建立了沙漠探险基地，为探险旅游提供了良好的基础设施和保障。此外，在开始沙漠探险之前，相关旅游部门会认真记录探险队的详细信息，并告知途中的救助设施，做好行前的安全工作。所以，在探险前，一定要和相关部门取得联系，切勿单独行动。

“沙”声震天

来到阿拉善，不去享受一下滑沙的快感就虚于此行了。沙漠滑沙最好选择傍晚夕阳西下之际，柔和的夕阳依旧还挂在天边，天空被涂上了绚丽的橙红，广袤的沙漠也被镀上了一层耀眼的余晖，伴着斜阳走上十几米高的沙山，脚下暖暖的沙让整个人都倍感舒服。放眼望去，四周全是一望无垠的沙漠，远处抑或有一列骆驼在悠悠而行，曾经梦寐以求的景象真实地呈现在眼前。

滑沙可采用多种方式，可以坐在滑沙板上，两腿呈弯曲的姿势，顺着陡立坡势飞速向下，一鼓作气地投入金色沙海，那感觉就如同坐在骤然下降的电梯中。这时，黄沙漫天飞舞，轻轻拍打身躯，沙坡下还会发出万鼓齐鸣的隆隆声，像是强烈地震时天空中轰鸣的响雷，令人胆战心惊之外颇感刺激，无论是眼睛、耳朵，还是肢体和脑子皆在这一瞬间得到了极度的满足和欢愉。抑或不借助任何工具，靠自己的双手和自然力下滑。伸直双腿坐在沙坡上，双手当桨顺着斜坡滑沙而下，双手往后轻轻一拨，身轻如舟一滑很远，流沙如同一幅一幅锦缎张挂沙坡，初如丝竹管弦，继若钟磬和鸣，进而金鼓齐作，轰鸣不绝于耳。到了山下，腿上裤筒灌满了细沙，浑身舒服极了，起身一抖，干净无余，简直是洗了一场令人难忘的沙浴。

单板滑沙

怎么玩——沙漠出游贴士

大漠的荒凉和美丽之中也蕴含着无处不在的威胁，这就要求探险者必须有相当的体力、勇气及丰富的野外生存经验。

1. 充分的行前准备

增强探险旅游的安全意识，时刻把安全放在第一位。在出行前，应事先了解背景资料，挑选合适的时间、地点，做好身体、精神、物资和全面救助的准备。

(1) 探险季节的选择

我国沙漠多分布在西北地区，属于干燥气候带，昼夜温差大，夏季酷热，冬季严寒。鉴于这些气候特征，选择探险旅行季节时，应尽量避开炎热的夏季和风季，通常选择5、6、7和10月。

(2) 制定路线和战术

制定探险路线和战术时，首先要尊重客观事实，在确保生命安全的情况下制定出力所能及的探险方案。设计线路尽量靠近公路，保证救援人员能够及时到达。

全自助式沙漠探险

完全靠自己的力量在沙漠中有限度的探险。由于这是全自助式无后援沙漠探险，探险者出发时要背负所有的装备和给养，第一天是在高负重情况下行走，对探险者的体能和毅力都构成严峻的考验，根据探险行程，可以在宿营地有计划地预留部分食品，作为返程时的补给。

协作式沙漠探险

协作式探险可分为无后援式和有后援式。无后援式是指进入沙漠后，就失去了后方的一切人力、物力的支援，只是在驼队的协作下纵深沙海，大多数探险队采用这种方式。有后援式沙漠探险适用于长距离的沙漠穿越，耗资巨大。

2. 沙海行进

(1) 正确地判断方向

在广阔的沙漠上行走，因为视野空旷，难以找到定向的参照物，加上起伏的沙丘、高大的沙山和洼地，人们一般不可能走直线，所以，沙漠行军中正确地判断方向是沙漠探险的先决条件。

用仪器判定方向：用罗盘和地图标定方向是早期沙漠探险中常用的方法。由于沙漠中不可能沿直线行军，因此，用这种方法时要不断地校正方位，不然的话很难到达预定目标。在长距离沙漠探险和穿越中，个人卫星导航系统（GPS）的普及，将在沙漠中迷途的可能性降到了最低。

利用自然特征判定方向：①用北极星判定方位；②利用太阳判定方向；③利用沙丘走向判定方向。

在我国西北地区，由于盛行西北风，沙丘一般形成东南走向，沙丘西北面是迎风面，坡度较小、沙质较硬；东南面背风，坡度大、沙质松软。

(2) 学会在沙漠中走路

选择一双合适的鞋子，学会用双杖走路。

不要怕走弯路

要避开背风面松软的沙地，尽量在迎风面和沙脊上行走。如果有驼队的话，踏着骆驼的蹄印走。

昼伏夜出避高温

在特殊的情况下，要学会“夜行晓宿”的方法。另外，在炎热、缺水、干渴、焦虑的情况下，千万不要被海市蜃楼的假象所迷惑。

注意防晒防寒

沙漠中昼夜温差很大，白天的阳光会把人烤得皮肤红肿，夜晚的寒凉则犹如冬季。所以，夏季和冬季的服装都要准备。此外，防晒油涂在身上后，会粘上沙子，使皮肤很难受，不如穿上浅色长衣，以抗拒紫外线，脸部可适当使用防晒油。

环保很重要

保护探险旅游区自然和人文生态环境。不随意丢弃垃圾，尽量把垃圾带出沙漠，至少就地掩埋，保持环境整洁和生态平衡。尊重当地民俗风情和宗教信仰。

(3) 沙漠露营

尽量选择村庄和登山大本营

等作为宿营地，尽量不安排露营。发生任何身体不适应立即休息，禁止继续前进。需要露营的话，一是营地要选在避风的地方，防止流沙的掩埋，这类地方往往是在沙丘之中的平地上；二是营地万万不可扎在红柳、胡杨树等植物附近，因为在有植物的地方，往往寄生着一些有毒的虫子。

3. 紧急情况的处理

(1) 缺水的时候怎么办

在沙漠中如果发现了茂密的芦苇，就意味着在地下1m多深的地方能挖出水来；如果看到芨芨草，在地下2m左右就能挖出水来；如果看到红柳和骆驼刺，就意味着下挖6～8m就有地下水；如果发现胡杨林，则意味着地下8～10m的地方有地下水。有水就有生命。另外，在沙漠中如果发现了潮湿的沙土或苦水，也可以挖一个坑，用透明塑料布将坑罩住，这样就做成了一个简易的太阳蒸馏器。

(2) 遇到沙暴突袭的策略

风沙的运动有其固有的运动规律，万一在沙漠中遇见沙暴，首先要凭目力的观察选择逃避的方向，只要避过风的正面，大都能化险为夷。同时，千万不要到沙丘的背风坡躲避，否则有被沙暴埋葬的危险。正确的做法，是把骆驼牵到迎风坡，然后躲在骆驼的身后。

(3) 在沙漠中迷了路找谁

徒步沙漠很容易迷失方向。除了当地的牧民，对一般的沙漠探险者来说，大漠四周的景观非常相似，一旦走错了方向，再遇到沙暴天气，或者水源使用殆尽，便有生命危险。在这样的紧要关头，首先要做的就是寻找“沙漠警察”——骆驼。因为骆驼不仅能够辨别方向，还能知道水源的位置。并且，骆驼还是十分友善的动物，不会对人造成伤害。何不让骆驼做你沙漠之行的方向盘和指南针呢！

旅游信息服务

里程表

阿左旗—阿右旗 536km

阿左旗—额济纳旗 460km

阿右旗—额济纳旗 480km

腾格里园区

巴彦浩特镇—月亮湖景区 72km

巴彦浩特镇—敖伦布拉格景区 260km

巴彦浩特镇—通湖景区 190km

巴丹吉林园区

巴丹吉林镇—海森楚鲁景区 190km

巴丹吉林镇—额日布盖峡谷 53km

巴丹吉林镇—曼德拉山岩画景区 201km

巴丹吉林镇—巴丹吉林沙漠景区 68km

居延园区

达来呼布镇—黑城文化遗存景区 36km

达来呼布镇—胡杨林景区（神树）27km

达来呼布镇—居延海景区 50km

交通

阿拉善盟境内已形成了以巴彦浩特为中心，以干线公路为骨干，旗线、边防线为支线，辅以乡镇及专用公路的纵横交错、四通八达的公路交通网络。阿拉善盟与外省市均有国道、省道相连；阿拉善盟境内的各旗之间都有柏油路相通，路面状况良好。便捷的交通为阿拉善发展旅游业提供了良好的基础。

阿拉善左旗交通

铁路交通

阿拉善左旗境内现有两条铁路：临河—策克口岸与乌海—吉兰泰的工业专用铁路。铁路客运主要依托银川和乌海两市。全国各地游客要乘火车来阿拉善左旗，需先到银川或乌海后转乘汽车抵达巴彦浩特。

银川站列车时刻表

车次	始发站	始发时间	经过站			终点站	终到时间
			车站名	到达时间	发车时间		
L146/L147	成都南	22:34	——	——	——	银川	第3日06:35
K916	西宁	17:45	——	——	——	银川	第2日06:56
K177	北京西	13:25	——	——	——	银川	第2日08:21
N854	敦煌	14:30	——	——	——	银川	第2日08:27
2585/2588	西安	17:40	——	——	——	银川	第2日09:06
2654/2655	西安	18:38	——	——	——	银川	第2日10:12
7523/7526	汝箕沟	12:54	——	——	——	银川	当日17:51
7512/7513	崇信	08:27	——	——	——	银川	当日20:40
K360/K361	上海	12:51	——	——	——	银川	第2日23:27
1717/1720	呼和浩特	15:17	银川	第2日00:30	00:40	成都	第3日06:08
K44A	兰州	16:36	银川	第2日00:32	00:40	北京	第2日19:36
K44B	嘉峪关	11:50	银川	第2日00:32	00:40	北京	第2日19:36
1718/1719	成都	22:30	银川	第3日03:46	03:56	呼和浩特	第3日13:23
K43A	北京	12:05	银川	第2日06:52	07:00	兰州	第2日15:15
K43B	北京	12:05	银川	第2日06:52	07:00	嘉峪关	第2日21:03
7511/7514	银川	07:09	——	——	——	平凉南	当日18:59
7524/7525	银川	07:40	——	——	——	汝箕沟	当日12:27
L145/L148	银川	11:30	——	——	——	成都南	第2日20:32
K178	银川	16:45	——	——	——	北京西	第2日11:30
2653/2656	银川	16:59	——	——	——	西安	第2日08:45
N853	银川	17:25	——	——	——	敦煌	第2日12:14
2586/2587	银川	17:59	——	——	——	西安	第2日08:52
2636	兰州	09:50	银川	当日18:33	18:43	呼和浩特	第2日06:18
K362/K359	银川	20:06	——	——	——	上海	第3日05:57
K915	银川	22:27	——	——	——	西宁	第2日13:07
2635	呼和浩特	12:20	银川	当日22:34	22:39	兰州	第2日07:40

航空客运

阿拉善左旗距宁夏回族自治区首府银川市仅110km，距乌海机场150km，可以利用银川河东机场或乌海机场作为阿拉善左旗的航空进出港。

乌海航班时刻表

出港航班

乌海至	航班号	起飞时间	到达时间	机型	执行周期	备注
北京	HU7618	17:20	19:05	738/734	1234567	
呼和浩特	MU5460	18:30	19:30	737	1234567	
上海	MU5460	18:30	22:40	737	1234567	经停
西安	HU7656	15:40	16:50	733	1357	
广州	HU7656	15:40	20:25	733	1357	经停

进港航班

至乌海	航班号	起飞时间	到达时间	机型	执行周期	备注
北京	HU7617	15:00	16:40	738/734	1234567	
呼和浩特	MU5459	16:50	17:50	737	1234567	
上海	MU5459	13:35	17:50	737	1234567	经停
西安	HU7655	13:35	14:50	733	1357	
广州	HU7655	10:00	14:50	733	1357	经停

乌海列车时刻表

车次	发车一到达	发时一到时	车型	运行时间	里程
6851	包头东 - 乌海西	09:10 - 17:06	普客	7小时56分	403km
6852	乌海西 - 包头东	09:23 - 17:29	普客	8小时6分	403km
1718	成都 - 呼和浩特	11:00 - 06:20	普快	43小时20分	2316km
1719	成都 - 呼和浩特	11:00 - 06:20	普快	43小时20分	2316km
1134	乌海西 - 天津	11:41 - 07:09	普快	19小时28分	1332km
1135	乌海西 - 天津	11:41 - 07:09	普快	19小时28分	1332km
K43B	北京 - 嘉峪关	11:51 - 19:18	快速	31小时27分	2221km
2636	兰州 - 呼和浩特	11:52 - 06:53	普快	19小时1分	1144km
2701	包头 - 银川	13:22 - 20:50	普快	7小时28分	511km
2635	呼和浩特 - 兰州	14:20 - 09:51	普快	19小时31分	1144km
1717	呼和浩特 - 成都	15:09 - 05:45	普快	38小时36分	2316km
1720	呼和浩特 - 成都	15:09 - 05:45	普快	38小时36分	2316km
1136	天津 - 乌海西	21:05 - 16:49	普快	19小时44分	1332km
1133	天津 - 乌海西	21:05 - 16:49	普快	19小时44分	1332km
2702	银川 - 包头	21:52 - 06:00	普快	8小时8分	511km
K7906	乌海西 - 呼和浩特	23:05 - 08:04	快速	8小时59分	552km
K7905	呼和浩特 - 乌海西	23:30 - 07:00	快速	7小时30分	552km

公路交通

阿拉善左旗巴彦浩特镇距银川110km，距乌海市130km，距阿拉善右旗额肯呼都格镇10km，距额济纳旗达来呼布镇630km，路面均为三级柏油公路。巴彦浩特镇距南寺旅游区30km，距北寺旅游区25km，距月亮湖旅游区70km，路面大多为一级柏油公路。公路客运是进出阿拉善左旗的主要交通工具。阿拉善左旗巴彦浩特镇已开通至周边城市和旅游区的客运班车。

巴彦浩特镇列车时刻表

序号	始发站	终点站	班次及发车时间	票价(元)
1	巴彦浩特	北京	每日一班 11：00	310
2	巴彦浩特	银川	6:20~18:05每半小时一班 每日30班	26
3	巴彦浩特	兰州	每周一、三 17:00	86
4	巴彦浩特	呼和浩特	每日10:00、16:00 两班	112.5~149
5	巴彦浩特	额济纳旗	每日7：00、8:00各一班	79.5
6	巴彦浩特	阿右旗	每日7:00一班	99
7	巴彦浩特	吉兰泰	每日7:00~17:30 每小时一班	20
8	巴彦浩特	乌海	每日7：30、10：30 、11:40 、12:50、 14:00、15:30 各一班	37
9	巴彦浩特	临河	每日8:00、11:00、12:40各一班	62
10	巴彦浩特	西安	每二、四、日15:00一班	170
11	巴彦浩特	武威	每日9:00	85
12	巴彦浩特	吴忠	每日7：05 、14：20各一班	38
13	巴彦浩特	中卫	逢单日8:05一班	44
14	巴彦浩特	大武口	每日7:40、14：00各一班	26
15	巴彦浩特	东胜	每日9:00	74
16	巴彦浩特	李井滩	每日8：10、9：30、13：30、16：00各 一班	16
17	巴彦浩特	民勤（南）	每日一班8：20	93
18	巴彦浩特	民勤（北）	每日一班7：20	95

市内交通

市内公交车以中巴车为主，票价1元。出租车以夏利车为主，市内不计里程，白天票价2元/人；夜间21时至次日凌晨6时，票价3元/人。

阿拉善右旗交通

铁路交通

阿拉善右旗没有铁路经过，乘火车进出可以依托兰新铁路。阿拉善右旗距

金昌站列车时刻表

车次	过往列车	到金昌站时间	金昌站出发时间	列车种类	备注
K43	北京一兰州（嘉峪关）	15:29	15:31	空调快速	K43次隔日兰州终到，隔日嘉峪关终到；K44次隔日兰州始发，隔日嘉峪关始发
K44	嘉峪关（兰州）一北京	16:47	16:49	空调快速	
T53	上海一乌鲁木齐	22:55	22:57	空调特快	
T54	乌鲁木齐一上海	11:11	11:13	空调特快	
T69	北京（西）一乌鲁木齐	18:16	18:19	空调特快	
T70	乌鲁木齐一北京	12:28	12:31	空调特快	
K591	西安一敦煌	23:48	23:50	特快	
K592	敦煌一西安	19:16	19:18	特快	
T192/3	汉口一乌鲁木齐	17:23	17:25	空调特快	
T194/1	乌鲁木齐一汉口	11:44	11:46	空调特快	
T197	郑州一乌鲁木齐	15:19	15:21	空调特快	
T198	乌鲁木齐一郑州	11:56	11:59	空调特快	
T927	兰州一玉门	2:31	2:33	空调特快	
T928	玉门一兰州	3:01	3:03	空调特快	
K453	成都一乌鲁木齐	23:09	23:11	空调快速	
K454	乌鲁木齐一成都	21:46	21:48	空调快速	
N851	兰州一嘉峪关	1:59	2:02	快速	
N852	嘉峪关一兰州	1:48	1:52	快速	
1085	济南一乌鲁木齐	13:25	13:27	普快	
1086	乌鲁木齐一济南	17:36	17:38	普快	

航空客运

进出阿拉善右旗可以依托鼎新机场和兰州中川机场。阿拉善右旗到兰州中川机场520km，到鼎新机场290km。往来交通便捷。

公路交通

阿拉善右旗的旅游交通主要依靠公路。旗政府所在地——额肯呼都格镇距主要景区的距离为：距巴丹吉林沙漠景区70km，距曼德拉山岩画景区210km，距额日布盖峡谷景区53km，距海森楚鲁风蚀地貌景区180km。阿拉善右旗已开通至周边城市的客运班车。

阿拉善右旗客运时刻表

序号	始发站	终点站	班次及发车时间	票价（元）
1	阿右旗	兰州	每三天一班16:00	99
2	阿右旗	金昌	8:00、15:30 各一班	23
3	阿右旗	民勤	每日8:00一班	31
4	阿右旗	山丹	每日10:00、15:30一班	20
5	阿右旗	张掖	每日8: 30、15:00各一班	27
6	阿右旗	乌海	每日8:00一班	116

市内交通

市内出租车以夏利车为主，市内不计里程，白天票价3元/人；夜间后票价4元/人。

额济纳旗交通

铁路交通

额济纳旗有临策铁路和临哈铁路两条铁路。

航空客运

额济纳旗境内的东风航天城现有一个军用机场——鼎新机场，联航已经开通了至北京的航线。

鼎新机场航班时刻表

航段	日班数	起飞时间	飞行时间
北京—鼎新	1	09:00~11:00	120分钟
鼎新—北京	1	13:00~15:00	120分钟

公路交通

额济纳旗的旅游交通主要依靠公路运输。额济纳旗距阿拉善左旗630km，为二级柏油公路。距甘肃酒泉市380km。旗政府所在地达来呼布镇距黑城36km，距怪树林22km，距东风航天城150km，距胡杨林1km，距神树26.5km，距策克口岸76km。现已开通了达来呼布镇至阿拉善左旗巴彦浩特镇的客运班车，每天往返。旅游旺季时，还有旅游专车往返两地。

额济纳旗公路及铁路交通

序号	始发站	终点站	班次及发车时间	票价（元）
1	额旗	酒泉	冬季8:30、夏季7:30	70
2	额旗	张掖	冬季8:30、夏季7:30	110
3	额旗	山丹	冬季8:30、夏季7:30	100
4	额旗	阿右旗—兰州	冬季8:30、夏季7:30	86~180
5	额旗	临河	冬季8:30、夏季7:30	130
6	额旗	乌达	冬季8:30、夏季7:30	127
7	额旗（4662）	呼和浩特市	次日6:10~22:20	123

银川河东机场 2011 年夏秋航季航班时刻表

出港航班						进港航班				班期	
目的站	全票价	航班	机型	起飞时间	到达时间	始发站	航班	起飞时间	到达时间	每周	备注
北京	1090	MU2121	A320	07:45	09:25	北京	MU2122	10:20	12:20	1、2、3、4、5、6、7	
		CA1218	B73G	10:10	11:55		CA1217	07:15	09:10	1、2、3、4、5、6、7	
		CA1214	B738	13:40	15:25		CA1213	10:45	12:40	1、2、3、4、5、6、7	
		CA1220	B738	16:30	18:15		CA1219	13:35	15:30	1、2、3、4、5、6、7	
		HU7234	B738	18:20	20:20		HU7233	21:25	23:25	1、2、3、4、5、6、7	
		MU2123	A320	18:40	20:30		MU2124	21:25	23:25	1、2、3、4、5、6、7	
		CA1264	B738	19:55	21:40		CA1263	17:05	18:55	1、2、3、4、5、6、7	
		SC1195	B738	20:55	22:45		SC1196	07:25	09:35	1、2、3、4、5、6、7	
		CZ6118	A320	22:10	23:55		CZ6117	19:25	21:20	1、2、3、4、5、6、7	机型调小为320
天津	1110	GS6608	ERJ	18:50	21:30	天津	GS6607	15:30	18:20	1、2、3、4、5、6、7	经石家庄
上海虹桥		FM9330	B738	19:10	23:30	上海虹桥	FM9329	13:40	18:10	1、2、3、4、5、6、7	经郑州
上海浦东		CA1906	A320	11:55	14:30	上海浦东	CA1905	16:50	19:50	1、2、3、4、5、6、7	新增
		CA1257	A319	12:40	15:15		CA1258	08:15	11:15	1、2、3、4、5、6、7	
		MU5276	A320	14:00	16:35		MU5275	12:05	15:00	1、2、3、4、5、6、7	
		9C8908	A320	21:20	23:55		9C8907	17:30	20:30	1、2、3、4、5、6、7	*限网上售票*
南京		CZ6963	B757	13:10	15:20	南京	CZ6964	16:05	18:40	1、2、4、5、6、7	缺周3
		MU2790	A320	23:40	01:55		MU2789	13:45	16:05	1、2、3、4、5、6、7	

续表

出港航班						进港航班				班期	
目的站	全票价	航班	机型	起飞时间	到达时间	始发站	航班	起飞时间	到达时间	每周	备注
西安		HU7847	B738	07：40	08：40	西安	HU7848	16：25	17：30	1、2、3、4、5、6、7	
		MU2301	A320	08：00	08：55		MU2302	16：40	17：40	1、2、3、4、5、6、7	跟海航运力执行航班完全重复
		JR1520	MA6	11：30	14：10		JR1519	08：20	11：00	1、2、3、4、5、6、7	
		CA1776	A319	12：15	13：15		CA1775	10：40	11：45	1、2、3、4、5、6、7	
		CZ3710	A320	12：45	13：50		CZ3709	10：50	11：55	1、2、3、4、5、6、7	加密
		MF8212	B737	13：20	14：15		MF8211	11：25	12：30	1、3、4、6	
		MU2301	A320	13：35	14：35		MU2302	22：15	23：20	1、2、3、4、5、6、7	
		ZH9988	A319	13：50	14：45		ZH9987	12：00	13：00	1、2、3、4、5、6、7	
		CZ3226	A320	13：55	14：55		CZ3225	11：40	12：55	1、3、5、7	未驻场
		MU2410	A320	15：50	16：50		MU2409	12：00	13：00	1、2、3、4、5、6、7	
		MF8224	B737	15：55	16：55		MF8223	14：00	15：05	2、5、7	未开舱
		ZH9170	A319	19：00	20：10		ZH9169	17：35	18：40	2、4、6、7	过站时间过短
		3U8686	A319	20：50	21：55		3U8685	18：55	20：00	1、2、3、4、5、6、7	
广州	1890	HU7847	B738	07：40	11：55	广州	HU7848	13：00	17：30	1、2、3、4、5、6、7	经西安
		CZ3228	A319	15：35	18：30		CZ3227	11：50	14：50	2、4、6、7	直飞
		MU2301	A320	08：00	12：15		MU2302	13：15	17：40	1、2、3、4、5、6、7	经西安
		3U8794	A320	15：45	20：05		3U8793	10：35	14：55	1、2、3、4、5、6、7	经重庆
		ZH9170	B319	19：00	23：20		ZH9169	14：05	18：40	2、4、6、7	经西安
深圳	1890	ZH9988	A319	13：50	18：15	深圳	ZH9987	08：40	13：00	1、2、3、4、5、6、7	经西安
		CZ3226	A320	13：55	18：15		CZ3225	08：05	12：55	1、3、5、7	经西安
乌鲁木齐	1350	SC4911	B738	15：45	18：30	乌鲁木齐	SC4912	19：40	22：20	2、3、4、5、7	缺周1、6
		MU2789	A320	16：55	19：30		MU2790	20：30	22：50	1、2、3、4、5、6、7	
		CZ6964	B757	19：30	22：20		CZ6963	09：50	12：20	1、2、3、4、5、6、7	缺周3
		CA1905	A320	20：50	23：40		CA1906	08：30	10：55	1、2、3、4、5、6、7	新增
成都	1110	CA4232	A319	14：30	16：05	成都	CA4231	12：05	13：40	1、2、3、4、5、6、7	
		3U8856	A320	19：45	21：30		3U8855	17：10	18：55	1、2、3、4、5、6、7	调整为晚班

续表

出港航班						进港航班				班期	
目的站	全票价	航班	机型	起飞时间	到达时间	始发站	航班	起飞时间	到达时间	每周	备注
重庆	1110	GS6527	E190	13：20	15：00	重庆	GS6528	10：55	12：35	1、2、3、4、5、6、7	
		3U8794	A320	15：45	17：25		3U8793	13：15	14：55	1、2、3、4、5、6、7	
昆明	1630	MU5832	B737	11：40	14：10	昆明	MU5831	08：20	10：50	1、2、4、6	新增
		3U8856	A320	19：45	00：05		3U8855	15：05	18：55	1、2、3、4、5、6、7	经成都
郑州	940	SC4800	B738	10：35	12：10	郑州	SC4799	18：25	20：10	1、3、6	
		FM9330	B738	19：10	21：00		FM9329	16：25	18：10	1、2、3、4、5、6、7	
厦门	1980	SC4798	B738	10：35	14：45	厦门	SC4797	16：05	20：10	2、4、5、7	经武汉
		SC4800	B738	10：35	14：55		SC4799	15：40	20：10	1、3、6	经郑州
		MF8224	B737	15：55	20：35		MF8223	10：10	15：05	2、5、7	经西安
福州	1910	MF8212	B737	13：20	17：40	福州	MF8211	08：00	12：30	1、3、4、6	经西安
长沙	1630	CZ3710	A320	12：45	16：25	长沙	CZ3709	08：10	11：55	1、2、3、4、5、6、7	经西安
武汉	1230	SC4798	B738	10：35	12：35	武汉	SC4797	18：20	20：10	2、4、5、7	
南宁	2490	GS6527	E190	13：20	17：15	南宁	GS6528	08：30	12：35	1、2、3、4、5、6、7	经重庆
大连	1310	CZ6346	A319	21：50	01：10	大连	CZ6345	17：25	21：00	1、2、3、5、6	经呼和浩特
沈阳	1450	CZ6496	A319	18：50	21：10	沈阳	CZ6495	07：55	10：30	1、5	＊计划＊
		CZ6664	A319	12：40	16：10		CZ6663	08：10	11：50	3、7	经呼和浩特
济南	1310	SC4916	CR2	11：40	13：30	济南	SC4916	09：10	11：05	1、2、3、4、5、6、7	新增
		SC4912	B738	23：00	00：50		SC4911	13：10	15：00	2、3、4、5、7	缺周1、6
青岛	1290	SC4722	CR7	11：40	14：45	青岛	SC4721	07：50	11：05	1、2、3、4、5、6、7	经石家庄
杭州	1580	CA1776	A319	12：15	16：20	杭州	CA1775	07：30	11：45	1、2、3、4、5、6、7	经西安
太原	550	JR1518	MA60	14：30	16：55	太原	JR1517	16：05	18：35	1、2、3、4、5、6、7	经榆林
呼和浩特	600	CZ6346	A319	21：50	22：55	呼和浩特	CZ6345	19：50	21：00	1、2、3、5、6	缺周4、7
石家庄	960	SC4722	CR7	11：40	13：05	石家庄	SC4721	09：35	11：05	1、2、3、4、5、6、7	
		GS6608	ERJ	18：50	20：15		GS6607	16：50	18：20	1、2、3、4、5、6、7	新增
兰州	360	GS6575	ERJ	10：40	11：25	兰州	GS6576	11：55	12：40	1、2、3、4、5、6、7	＊计划＊
		JR1515	MA60	19：00	20：10		JR1516	20：50	21：55	1、2、3、4、5、6、7	＊计划＊
榆林	430	JR1518	MA60	14：20	15：25	榆林	JR1517	17：35	18：35	1、2、3、4、5、6、7	
包头	540	JR1513	MA60	11：00	12：10	包头	JR1514	12：40	13：55	1、2、3、4、5、6、7	
固原	650	JR1520	MA60	11：30	12：30	固原	JR1519	10：00	11：00	1、2、3、4、5、6、7	

续表

出港航班						进港航班				班期	
目的站	全票价	航班	机型	起飞时间	到达时间	始发站	航班	起飞时间	到达时间	每周	备注
鄂尔多斯	900	JR1525	MA60	11：20	12：50	鄂尔多斯	JR1526	13：25	14：45	1、2、3、4、5、6、7	
三亚	2310	3U8900	A319	19：25	23：55	三亚	3U8899	13：45	18：25	3、5、7	经桂林
桂林	1580	3U8900	A319	19：25	21：45	桂林	3U8899	16：05	18：25	3、5、7	

中卫香山机场 2011 年夏秋航季航班时刻表

出港航班						进港航班				班期	
目的站	全票价	航班	机型	起飞时间	到达时间	始发站	航班	起飞时间	到达时间	每周	备注
北京		GS7418	E190	20：40	22：05	北京	GS7417	08：50	10：40	1、2、3、4、5、6、7	
西安	760	GS7417	E190	11：30	12：25	西安	GS7418	18：50	20：00	1、2、3、4、5、6、7	

固原六盘山机场 2011 年夏秋航季航班时刻表

出港航班						进港航班				班期	
目的站	全票价	航班	机型	起飞时间	到达时间	始发站	航班	起飞时间	到达时间	每周	备注
西安	440	JR1520	MA60	13：00	14：10	西安	JR1519	08：20	09：30	1、2、3、4、5、6、7	
银川	650	JR1519	MA60	10：00	11：00	银川	JR1520	11：30	12：30	1、2、3、4、5、6、7	

注：以上提供的各时刻表仅供参考，具体时间以客运站、火车站及机场的最新公布为准。

旅游路线

阿拉善沙漠世界地质公园3个园区分布在3个不同的旗，地质遗迹景观风格各异。根据地质景观的特点，设计旅游线路如下：

1.区际旅游线路 ——三条黄金线路

(1) 东线：京津冀—呼和浩特—银川—阿拉善盟（左旗）

东南沿海—西安—银川—阿拉善盟（左旗）

(2) 南线：兰州—金昌—阿拉善盟（右旗）—巴丹吉林

(3) 西线：敦煌—酒泉—阿拉善盟(额济纳旗)

2.盟内旅游线路 ——六条精品线路

(1) 巴彦浩特(腾格里沙漠度假村、吉兰泰工业园、敖伦布拉格峡谷、贺兰山北寺或南寺)—曼德拉山岩画—九棵树大本营—巴丹吉林沙漠(横穿)古日乃—达来库呼布(居延海、胡杨林、黑城遗址、策克口岸、马鬃山古生物化石遗迹保护区)—东风航天城—海森楚鲁—出境。

说明：此线路距离长，需时多，但比较全面。东进西出，亦可逆行。

(2) 额肯呼都格(马山井、九棵树)—巴丹吉林沙漠—曼德拉山岩画—吉兰泰(盐湖、盐场)—巴彦浩特—出境。

说明：线路距离较长，需时多，舍弃额旗地区。南进东出，可逆行。

(3) 额肯呼都格—巴丹吉林沙漠(横穿)—古日乃—达来呼布(居延海、胡杨林、黑城遗址、策克口岸、马鬃山古生物化石遗迹保护区)—东风航天城—出境。

说明：此线路亦较长，需时多，舍弃东中部。基本构成环线，可逆行。

(4) 东风航天城—达来呼布(居延海、胡杨林、黑城遗址、策克口岸、马鬃山古生物化石遗迹保护区)—乌力吉—敖伦布拉格峡谷—吉兰泰—巴彦浩特—出境。

说明：线路长，需时较少，舍弃中部。西进东出，可逆行。

(5) 东风航天城—额肯呼都格—巴丹吉林沙漠—曼德拉山岩画—敖伦布拉格峡谷—吉兰泰—巴彦浩特—出境。

说明：线路较短，需时较少，舍弃西北部。西进南出，可逆行。

(6) 巴彦浩特—吉兰泰—敖伦布拉格峡谷—达来呼布(居延海、胡杨林、黑城遗址、策克口岸、马鬃山古生物化石遗迹保护区)—东风航天城—额肯呼都格—巴丹吉林—曼德拉山岩画—巴彦浩特。

3. 园区旅游线路

(1) 巴丹吉林园区旅游线路

根据地质遗迹的分布，可划分出四个游赏单元：巴丹吉林沙漠景区，曼德拉山岩画景区，海森楚鲁风蚀地貌景区，额日布盖峡谷景区。以曼德拉山岩画景区、海森楚鲁风蚀地貌景区、额日布盖峡谷景区等为辅助，开展穿越探险活动，如自驾车、骑骆驼、徒步、赛事活动等；考古探险活动，如参观曼德拉山岩画、沙漠中的古人类遗址等；生态探险活动，如观察野生动物、观鸟、科考等；体验探险活动，如技能训练营、拓展活动、《大漠英雄传》剧情体验等；娱乐探险活动，如蹦极、跳伞、热气球、露宿等。

1) 巴丹吉林沙漠探险旅游线路：北京（天津、上海、广州）—银川（兰州）—巴丹吉林沙漠—北京（天津、上海、广州）（3~15日游）。

2) 巴丹吉林沙漠摄影采风游：阿拉善右旗—巴丹吉林沙漠—额日布盖峡谷—海森楚鲁怪石林—东风航天城—额济纳胡杨林—居延海—策克口岸—阿拉山左旗（7~15日游）。

3) 巴丹吉林沙漠徒步（骆驼）穿越之旅：阿拉善右旗—巴丹吉林沙漠—塔木素布拉格（15日游）。

4) 巴丹吉林极限运动之旅：阿拉善右旗—巴丹吉林沙漠（各种极限运动体验）—阿拉善右旗（3~10日游）。

5) 巴丹吉林自驾越野车之旅：阿拉善右旗—巴丹吉林沙漠自驾车穿越（3~7日游）。

6) 巴丹吉林沙漠生存挑战之旅：阿拉善右旗—巴丹吉林沙漠（生存体验）—海森楚鲁怪石林（戈壁生存）—巴丹吉林沙漠（4~15日游）。

(2) 腾格里园区旅游线路

腾格里园区包括月亮湖景区、通湖景区和敖伦布拉格峡谷景区，根据各个景区的不同特点可以开展不同的活动。如乘坐越野车进出月亮湖景区，让游客体验沙漠的别样魅力；在沙漠里开展滑沙、卡丁车、沙滩排球、沙疗、夜游沙山观明月、篝火晚会、游客植树种草等丰富多彩的游客参与性活动；根据游客的不同需要，开展科学探险考察、参观等活动。

银川市（乌海市）—巴彦浩特—腾格里沙漠月亮湖—阿拉善盟博物馆、戈壁奇石街—贺兰山（南寺、北寺）—吉兰泰盐湖—敖伦布拉格峡谷—返回。

享受午后湖风的清凉

湛蓝的湖水，如梦似幻

(3) 居延园区旅游线路组织

居延园区包括居延海景区、黑城文化遗存景区、胡杨林景区。根据旅游资源地域组合、类型结构、开发利用的方向，居延园区旅游活动可划分为：一条综合景观长廊纵穿全境；南部一座航天城；北部一处季节性边境口岸；东北部集中了以七道桥为中心的原始胡杨林自然风景区和以古城遗址为中心的居延文化旅游区(是整个额济纳旗的旅游核心区域)；东部、西部各一块戈壁沙漠探险旅游地(马鬃山无人区和西部的巴丹吉林沙漠)。初步组成了以"观光探秘、生态体验、民俗风情、航天科技"为主要旅游形式，以六大旅游区为开发重点的大格局。园区可以开展金色的胡杨、神奇的海市蜃楼以及庄严的国门观光旅游；东风航天城科技旅游；黑城、绿城考古旅游；壮丽、传奇的土尔扈特人回归史民俗风情旅游；策克口岸边境贸易游；金秋胡杨采风写生游等活动路线。

1) 北京、西安—鼎新机场—额济纳旗。

2) 北京、天津、兰州等国内大城市—酒泉—额济纳旗—旗内各景点。

3) 国内大城市—敦煌—嘉峪关—酒泉—额济纳旗。

4) 酒泉或鼎新机场—东风航天城—达来呼布镇—胡杨林景区—居延文化遗址旅游区—策克口岸—国门—马鬃山古生物化石保护区—返回。

5) 达来呼布镇—胡杨林自然风景区—居延文化旅游区—边境口岸—东风航天城—马鬃山古生物化石保护区。

(4) 推荐精品旅游线路

1) 巴丹吉林沙漠挑战之旅

旅行天数：3~18日

旅游项目：体验大漠风光、攀登世界沙山之最——必鲁图峰、滑鸣沙、穿越无人区挑战极限旅游线。

交通方式：乘越野车、骑骆驼、步行。

住宿：牧民家里、沙漠腹地帐篷露宿。

2）腾格里月亮湖度假之旅

旅行天数：5~10日。

旅游项目：休闲度假、体验沙漠绿洲、黑沙理疗、动力滑翔伞、沙滩球类。

交通方式：乘越野车。

住　宿：别墅、宾馆、蒙古包。

大漠金色港湾

尽享湖边自助的乐趣

3）居延海胡杨林写生之旅

旅行天数：5~7日。

旅游项目：金色胡杨摄影、居延文化考古探险旅游、马鬃山古生物化石考察、边境口岸贸易考察。

交通方式：汽车。

住　宿：宾馆。

阿拉善旅游住宿

阿拉善沙漠地质公园现拥有各类高、中、低档宾馆，可满足不同游客的需求。宾馆管理先进、设备齐全、服务上乘，让游客有宾至如归的感觉。另外，还有一些居民开辟的家庭旅馆，干净整洁，经济实惠。

月亮湖探险旅游度假村

硬件设施达到国际四星级标准，设有大型多功能商务会务中心及富有异国情调的欧式别墅。活动娱乐项目含：越野车、卡丁车、摩托车沙漠越野冲浪；动力三角翼、滑翔伞运动；沙滩排球、沙滩足球；泥疗、沙疗、划船、游泳、滑沙以及骑骆驼、摔跤等相关民族风情歌舞活动项目。

月亮湖游客接待中心

闲坐别墅屋顶，静观风云变幻

阿拉善盟宾馆

位于巴彦浩特新区新世纪广场北500m，交通便利、商业网点云集；宾馆内部装修豪华，设施设备精良，套间、豪华标准间、普通标准间、三人间、二人间、单人间等客房119间，床位220张，大小餐厅5个，可以接待800人就餐，还设有美容中心、商务中心和会议室。

阿拉善左旗宾馆

位于巴彦浩特西花园4号，是阿左旗龙信实业发展有限公司独资兴建的三星级酒店。宾馆距旧区汽车站仅百米之遥，交通便利，购物快捷。以宾馆为辐射中心，数小时即可到达南寺、北寺、月亮湖等知名旅游景点。宾馆共有各种档次的客房64套，尽显舒适豪华。可容纳800人同时就餐，荟萃中华美食和阿拉善特色的各种佳肴。

阿拉善左旗旅游宾馆饭店一览表

名称	电话	餐饮（一次性）	住宿（一次性）	位置
阿拉善盟宾馆（二星）	客房：(0483) 8352883 餐厅：(0483) 8354002	800人	200人	阿左旗巴彦浩特镇
龙信大酒店（三星）	客房：(0483) 8180198 餐厅：(0483) 8180196	1000人	196人	
开元酒店（准二星）	客房：(0483) 8339541 餐厅：(0483) 8343380	300人	50人	
丽都酒店（准二星）	客房：(0483) 8351999 餐厅：(0483) 8351999	400人	50人	
阳光生态园	客房：(0483) 3993666 餐厅：(0483) 3993388	700人	70人	
沙漠王酒店（准二星）	客房：(0483) 8332869 餐厅：(0483) 8336647	600人	80人	
阿粮大酒店（准二星）	客房：(0483) 3999987 餐厅：(0483) 8222213	1000人	50人	
人和居饭庄（准二星）	餐厅：(0483) 8334428 13804734428	800人		
丁香山庄（准二星）	客房：(0483) 8686816 餐厅：(0483) 8639818	500人	104人	贺兰山南寺
宏源山庄（准二星）	客房：(0483) 8691188 餐厅：(0483) 8691188	200人	100人	
生态宾馆（准三星）	客房：(0483) 8763956 餐厅：(0483) 8690076	300人	80人	月亮湖景区
俄罗斯别墅（准三星）	客房：(0483) 8686816		80人	
水稍子度假村	餐厅：13369554105	1000人		通湖景区
通湖草原旅游区	餐厅：(0955) 7698558	3000人		

续表

名称	电话	餐饮（一次性）	住宿（一次性）	位置
银湖宾馆	客房：(0483) 8838866 餐厅：(0483) 8838866	200人	60人	吉兰泰镇
和盐饭店	客房：(0483) 8838645 餐厅：(0483) 8838645	100人	40人	吉兰泰镇
百吉宾馆	客房：(0483) 8835777	—	40人	吉兰泰镇
敖伦布拉格宾馆（准三星）	客房：(0483) 13947383684 餐厅：(0483) 13947383684	500人	160人	敖伦布拉格
兴隆饭店（敖伦布拉格镇）	客房：(0483) 4471185 餐厅：(0483) 4471185	600人	150人	敖伦布拉格
贺兰山寨（准二星）	客房：(0483) 8768054 餐厅：(0483) 8768054	100人	50人	贺兰山北寺

阿拉善右旗旅游宾馆饭店一览表

名称	电话	餐饮（一次性）	住宿（一次性）	位置
金沙假日酒店（二星）	客房：(0483)6026666 餐厅：(0483) 6026006	400人	97人	额肯呼都格镇
阳光酒店	客房：(0483) 6023126	400人	73人	额肯呼都格镇
华龙宾馆	客房：(0483) 6025898	–	44人	额肯呼都格镇
电讯宾馆	客房：(0483) 6025166 餐厅：(0483) 6022168	300人	17人	额肯呼都格镇
昭君酒店	客房：(0483) 6025909 餐厅：(0483) 6021987	400人	16人	额肯呼都格镇
朋来酒店	客房：(0483) 6023899 餐厅：(0483) 6023899	300人	14人	额肯呼都格镇
东山酒店	客房：(0483) 6025518 餐厅：(0483) 6025518	300人	36人	额肯呼都格镇
西北宾馆	客房：(0483) 6024080	300人	50人	额肯呼都格镇

额济纳旗旅游宾馆一览表

名称	电话	餐饮	住宿（一次性）	位置
（一次性）	住宿	400人	97人	达来呼布镇
（一次性）	客房：(0483) 6023126	400人	73人	
额济纳宾馆	客房：(0483) 6520555	400人	120人	
金洋宾馆	客房：(0483) 6528888	600人	200人	
天龙宾馆	客房：(0483) 6521761	100人	170人	
土尔扈特宾馆	客房：(0483) 6526266	300人	100人	
新华宾馆	客房：(0483) 6521224	—	36人	
航天宾馆	客房：(0483) 6521585	—	30人	
白马宾馆	客房：(0483) 6525707	—	60人	
天意宾馆	客房：(0483) 6522188	—	60人	
金龙宾馆	客房：(0483) 6524584	90人	40人	
众鑫宾馆	客房：(0483) 6526566	—	74人	

地方特色

蒙古族饮食大致分为三类，即粮食、乳食和肉食。乳食以奶茶、酸奶、奶酪、黄油、奶皮、奶酒为主。肉食有烤全羊、羊背子、手抓羊肉等。此外还有驼掌系列，血肠、内脏系列，贺兰山紫蘑菇系列，天然绿色食品沙葱、沙芥等。名优酒类有奶酒、苁蓉酒、阿拉善系列白酒等，醇香郁烈，落口净爽。

烤全羊

香喷喷的烤全羊

烤全羊是阿拉善地区特有的、最具传统风味的名菜。多选用上等土种绵羯羊，经屠宰、烫毛、整理、填料等十几道工序后才进行烘烤，并选用当地特有的干梭梭为燃料。烤出的全羊成卧姿，皮黄中泛红，外酥脆适口，内松软鲜嫩，肥而不腻，是阿拉善人招待贵宾最高档次的食物。

扒驼掌

扒驼掌特点是：驼掌软烂，色泽红润，光洁明亮，醇香适口。驼掌又可做全驼掌，全驼掌采用剥皮后的驼蹄进行加工，制作方法如熊掌，用文火慢炖。

烩羊杂碎

阿拉善风味汤菜，亦称全羊汤。将羊头、心、肺、肠、肚、肝等烫洗干净，煮熟，切成丝，用煮杂碎时撇出的汤油炸辣椒面为红油。以原汤下入切好的杂碎丝，加葱、姜、蒜末、红辣椒、味精、香菜即成。汤菜味鲜，辣香不腻，热气腾腾，香味四溢，使人食欲大增，食者赞不绝口。

香味四溢的全羊汤

馓子

阿拉善各族群众久有吃馓子的习俗，其炸制技艺，堪称一绝，先将精粉加少量淡盐水搓成絮状，再加水调和，反复揉压，揉成粗条，抹上清油，放盆中醒面。待油锅热时，用左手四指并拢，缠上面条七圈，轻轻抻长成环状，然后套在两根竹筷上，放入热油中，边摆边抻，等馓子股稍硬时，抽出筷子，炸至棕黄色时，捞出即成。

凉拌蹄黄

蹄黄即骆驼掌心鹅卵大小的两块纤维组织，因其是骆驼身上最活动的组织，肉质异常细腻而富有弹性，似筋而比筋柔软，似驼峰而较驼峰更富纤维组织，以其制作的凉拌蹄黄清脆可口，滑爽鲜嫩，是不可多得的烹饪上品。

粉汤饺子

粉汤饺子俗名“皮条拉石头”。饺子馅可用猪肉或羊肉，配以白菜、萝卜和各种佐料，采用传统方法包成饺子。再选粉质丰盈的扁豆，制成粉坨。这种粉坨放在锅里有弹性，略透明，久滚不糊。烹调时，先在翻滚的汤锅里放入切成条状的粉坨，将另一锅里煮好的饺子和粉条，一齐倒入汤锅中，临出锅时，调放食盐、生葱、醋、油泼辣面子、味精等。其味酸辣可口，有发热驱寒之效，颇适合寒冷地区人们食用，成为阿拉善的传统风味之一。

奶酒

早年酿制奶酒的原料是马奶，当今也有用牛奶、驼奶和羊奶酿制的奶酒，人们沿用了旧的叫法，把它们统称为马奶酒，蒙古语称作“乞戈”或“艾日戈”。酿制马奶酒的历史由来已久。奶酒不仅是一种高尚圣洁的饮料，并且具有祛病医疾的功能。《蒙医药典》云：“马奶酒味酸、甘、涩，有驱寒、舒筋、活血、补肾、消食健胃等效用。”

土特产

贺兰山野生蘑菇

又名：紫丁香蘑菇、贺菇

产地：贺兰山天然次生云杉林中

特点：贺兰山紫蘑菇产于贺兰山天然次生的云杉林中，亦称“紫丁香山菇”、“贺蘑”，是以丝膜菌为主的纯天然野生菌种。其口感纯正，气味醇香，内含丰富的蛋白质，多种氨基酸、菌糖、脂肪、维生素和人体所需的钾、铁、钙、磷、镁等多种微量元素，长期服用可起到防癌、抗癌的保健作用。

肉苁蓉

沙漠人参

又名：大芸、肉松蓉、纵蓉、地精、金笋

产地：阿拉善戈壁荒漠区

特点：肉苁蓉质地坚硬、味道稍苦，是一种拥有悠久历史的重要中药材，是治疗体弱肾虚、精血不足等疾病的圣药，有“沙漠人参”的美誉。

麝香

雄麝香腺中分泌物干燥而成的香料。干后为红棕至暗棕色的颗粒状物质，具有令人不快的臭味，但经高度稀释后放出特有的香气。主要香成分为巨环麝香酮，保香力极强，是极名贵的香料。中医学以其入药，性温，味辛，主治中风痰厥、神志昏迷、心腹暴痛、恶疮肿毒、跌打损伤等症。麝香腺中成粒的称“当门子”，功用相同，效力更佳。内蒙古自治区的麝香以阿拉善盟为最多，其次是呼伦贝尔盟林区，年产量约4kg。

驼绒、羊绒

阿拉善被誉为骆驼之乡。驼毛年产量占畜种全国总产量的1/2以上，美称王府驼毛。阿拉善白绒山羊以绒质优良著称于世，被列为国家珍稀畜种，所产羊绒被外商誉为纤维宝石，是毛纺工业的高档原料，产量占全国的1/10。

锁阳

锁阳是阿拉善的特产之一。肉质寄生草木，高一般在10~100cm。茎圆柱状，暗红色，无叶绿素。叶退化为散生的鳞片状。夏季开花，穗状花序顶生，棒状，短圆形，长5~12cm，生密集的花和鳞片状苞片，花杂性，有花被，暗紫色，雄花有雄蕊，雌花子房下位或半下位，花柱棒状，坚果很小，产地比较广泛，常生于干旱与含盐碱的沙地。其肉质茎含丰富淀粉，可食用，又是一种补益中药和强体上品。

居延密瓜

居延密瓜产自神奇的内蒙古西部大漠边关额济纳旗，这里干旱少雨、光热充足、昼夜温差大，是密瓜生长的理想境地。所产密瓜除个大、形美、色鲜外，尤其以含糖量高、口味纯而著称。

气候

阿拉善盟地处内陆，属中温带大陆性气候，四季分明，干旱少雨，夏热冬寒，昼暖夜凉，蒸发强烈。由于青藏高原的阻挡，印度洋暖湿气流难以进入阿拉善盟。受天山和阿尔泰山的阻挡，北冰洋带来的降水也不多。这些导致了阿拉善盟极其干旱的气候环境，盟内大面积分布的沙漠和戈壁更加剧了其干旱的程度。盟内年均气温6.8~8.8℃。盟内降水量东部多于西部，南部多于北部，山区多于非山区，年平均降水量仅为200mm，特殊的地理位置和气候也造就了盟内沙漠广布的景观特色。

阿拉善昼夜温差较大，有时会有沙尘天气，出行时应注意天气变化，多做准备。

最佳游季

每年的5~10月是到阿拉善沙漠旅游的最佳时间，在风和日丽的天气里，跟随骆驼队走进沙漠，可以欣赏到沙漠绿洲、神奇喷泉，如果幸运的话，还能看到神秘的海市蜃楼，领略大漠的瑰丽奇美。在巴丹吉林沙漠腹地，有一片罕见的原始胡杨林，每到秋季，一望无际的胡杨林海浪般起伏波动，金红色的树叶火一样燃烧天地，辉煌壮观的场景令人感动不已。5~10月份，巴丹吉林沙漠平均温度约25℃，但早晚和中午温差较大，故需备风衣或长袖衣物，外出时备充足饮水，因干燥气候需补充体内水分。

额济纳胡杨林摄影旅游

阿拉善盟额济纳旗是胡杨景观最有名的地方，通过张艺谋导演的《英雄》中张曼玉和章子怡一场树林决战而名扬天下。此外，此处还是和殷墟甲骨等齐名的居延文化所在区域，周围有黑城，红、绿城、居延古城等多处西夏古迹，是我国历史上的边塞重镇，古丝绸之路的必经之地。

摄影景点推荐：

胡杨怪树林 ★★★★

位于达来呼布镇西南约22km，该区内百年前是一片原始森林，由于自然因素，大片枯死的胡杨树东倒西歪，神态各异，其奇异的造型给人以死一般的沉默和童话世界中的仙境奇观之感。这里是摄影爱好者最钟爱的“寻宝”之地。

性质所属：风景　摄影

门票：10元

交通：没有班车，可以在镇子上租车前往。

小提示：怪树林的胡杨最荒凉，姿势张扬，为很多专业摄影者所爱。如果能跟在他们后面，可以拍到不少好片子。

黑城 ★★★★

坐落在额济纳旗政府所在地达来呼布镇东南36km的沙碛中，距今已有千余年历史，远在10km之外，即可看到耸立于城墙之上的白塔缥缈在微风之中，犹如仙境，神秘莫测。城内全是黄沙，偶尔碰巧还可以拾到当年的破瓷烂瓦。黑城这座四四方方、边角上耸立高塔的城市，是丝路古道上保存最完整的古城遗址。

性质所属：古代建筑　历史人文　摄影

门票：50元

交通：无直达班车，可以租车前往，约行驶40分钟。

小提示：黑城和怪树林都是以凄凉著称的，如果追求摄影效果的话，可以赶着拍些日落、夕阳的景色。但是，由于黑城比较偏远，不建议在该处扎营。

八道桥胡杨林景区 ★★★★

位于达来呼布镇东20km，是集巴丹吉林沙漠边缘和胡杨林为一体的胡杨景观，此处的沙漠、胡杨、驼队和落日是摄影家的乐园。

性质所属：风景 摄影

交通：包车或徒步都可以前往。远于四道桥最好包乘汽车，一般可以提前雇好车，镇上有面包车、吉普车和三轮摩托，可以负责定点接送，事先与司机约定好返回的时间。包车半天往返50元，单程15元。

小提示：着重推荐的还是二道桥的日落。二道桥东边水景不多，拍到目光所及的部分就可以了，无需继续东行；二道桥西边是拍摄的天堂，有水有天有骆驼，有黄得耀眼的胡杨。拍完西边再回到二道桥过桥后往北走，过公路后下土坡继续拍，可以一直沿路深入到路的尽头。

居延海 ★★★★

曾经波澜壮阔的居延海历经几度干涸，如今已部分恢复。不管是已恢复的湖水，还是仍旧被盐碱和黄沙覆盖的荒地，都不能不让人深思。

性质所属：风景

门票：20元

交通：乘坐由达来呼布镇前往策克口岸的车辆即可到达。

小词典

沙漠的分类

沙漠的含义有广义、狭义之分。所谓广义的沙漠，就是荒漠，其外延组成成分较多，包括砾漠、岩漠、泥漠、盐漠和沙漠等。而狭义的沙漠，就是地面完全被大片的沙丘（或沙）覆盖、缺乏流水、植被稀少的地区，是荒漠的一种。

砾漠

又称戈壁，指难生草木的砾石荒漠。属于干旱区荒漠地貌的一种，地面皆由粗砾石组成的荒漠。在各种成因的堆积物上，由于强大的风力吹蚀作用，沙和尘土被风吹走，留下粗大砂砾石覆盖整个地表，形成大片的砾石滩。砾石在风沙的磨蚀作用下形成具有棱角而又光滑的风棱石和各种风蚀砾石。内蒙古阿拉善地区及新疆塔里木、准格尔和青海柴达木盆地边缘都有戈壁分布。

岩漠

一是指山地荒漠。荒漠区岩石裸露的山地，植物稀少，景色荒凉。山地间常见封闭的无水洼地，内为岩石碎屑物覆盖。

二是指沙漠中风蚀作用和物理风化强烈的地区，岩石裸露，也称石质荒漠。岩漠在世界上占有很大的面积，在北美以及中国西北部阿拉善地区都有分布。

泥漠

黏土组成的荒漠。分布于荒漠中较低洼处。原为季节性的湖沼，夏季河流注入低洼地时，受强烈蒸发，水量减少，搬运能力降低，夹带的泥沙在低洼的湖沼中沉积，旱季时湖沼干涸，长期反复作用后即形成泥漠。地表黏土常龟裂，表面平坦，植被稀少为其特征，在地下水面较高的泥漠地带，富含盐分的地下水沿毛细管孔隙上升至地表，水分蒸发后，盐分聚集于地表，即成盐漠。

盐漠

又称盐碱地。盐水浸渍的泥漠。分布于荒漠的低洼部分，盐分易于吸收水分引起膨胀，所以长期处于潮湿状态。干涸时可形成龟裂地。仅能生长少数盐生植物，是荒漠中土壤最贫瘠的地区。

沙漠奇观—海市蜃楼

地面蒸发加剧，水气迅速升腾。由于云气对阳光产生折射，远远看去，平坦的沙地就像波光潋滟的湖泊，而起伏的沙山、丘陵就像会变换出湖泊、树

林、楼房等景象，这种迷人的幻境被称为“海市蜃楼”。

沙尘暴

沙尘暴的形成与地球温室效应、厄尔尼诺现象有着不可分割的关系。另外，人为过度放牧、滥伐森林植被、工矿交通建设，扰动地面结构，形成大面积沙漠化土地，也会直接加速沙尘暴的形成和发育。

沙漠湖泊

腾格里沙漠的腹地分布有大大小小的湖泊，属古代湖泊因长期干旱而被分割的时令湖，受地下承压水的维持而不干涸。其中最有代表性的是月亮湖，面积约3km^2，湖水凝碧，苇丛含烟，是一个秀丽的淡水湖泊。这里已经发展为内蒙古西部别具特色的沙漠探险旅游区。

巴丹吉林沙漠存在丰富的地下水,有专家认为，地下水来自于祁连山雪水的补给，祁连山顶部存在大片裸露的寒武纪、奥陶纪和志留纪的灰岩地层，灰岩地层中存在由溶洞构成的强渗漏带，雪水融化后沿着强渗漏带或山前大断裂补给到深部，穿过龙首山直接补给到巴丹吉林沙漠及其下游地区，这是巴丹吉林沙漠中大量湖泊长期存在的原因。但是，现在巴丹吉林沙湖湖面已出现旱化迹象，大部分湖边缘已存在盐碱化。巴丹吉林湖泊在青藏高原隆升、全球气候变暖、干旱化程度日益加剧的大背景下，湖水面下降、湖水干涸已是大趋势，所以，保护水源，珍惜水资

源是一个亟待解决的问题。

鸣沙的成因

鸣沙作为一种自然现象，只要具备响沙形成的特定环境和必需的条件，具有沙漠、沙地的地方都可以存在鸣沙。人们对鸣沙的研究提出了很多的理论和解释，共鸣箱理论、电荷说、碰撞说、吐气说等。在这些理论中，人们对鸣沙的共鸣箱理论的认同程度较高。鸣沙的共鸣箱理论：鸣沙的沙粒与一般沙粒不同，即在鸣沙沙粒光滑的表面有很多蜂窝状的小孔洞，小孔洞是鸣沙发声的关键所在。鸣沙中的小孔洞构成众多的共鸣箱，当沙粒相互之间发生运动时，由于摩擦产生的细小声音与这些共鸣箱发生共鸣而被放大，滚动的沙粒就会发出悦耳的声音。沙粒表面的蜂窝是长年的风蚀、水蚀和化学溶蚀综合作用的结果。若环境受到污染，蜂窝被灰尘堵塞，鸣沙就不再鸣响。

阿拉善沙漠世界地质公园咨询服务热线

本地区区号　　　　0483

阿拉善沙漠世界地质公园管理局：0483－8595191
E－mail: Smgy2005@163.com
网址：www.alssmgy.com

阿拉善左旗管理分局：0483－8229729
E－mail: azqsmgy2007@163.com

阿拉善右旗管理分局：E－mail: ayqgtjydc@163.com

额济纳旗管理分局：0483－6525433
E－mail: ejnsmgy2007@163.com

阿拉善盟旅游局：0483－8337272、8337204
E－mail: alsly@alsly.com.cn

阿拉善左旗旅游局：0483－8228929
E－mail: alszqlyj@163.com

阿拉善右旗旅游局：0483－6014316
E－mail: badanjiling@126.com

额济纳旗旅游局：0483－6521859
E－mail: ejnwhly09@sina.com

邮政公铁路联运热线：0483—8222289

工商银行预定票处：1600016

价格举报电话：12358

消费者投诉：12315